4 Yth 2653

Paris
1855

Schiller, friedrich von

Marie Stuart

Tragédie en 5 actes, d'aprés friedrich von Schiller

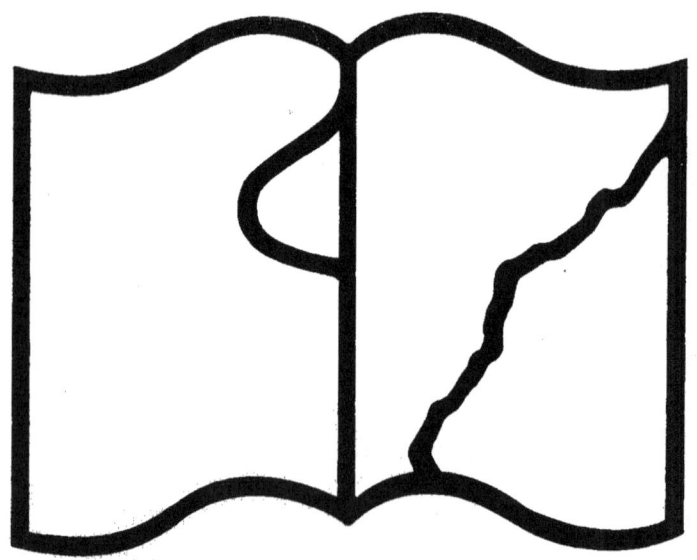

Symbole applicable
pour tout, ou partie
des documents microfilmés

Texte détérioré — reliure défectueuse
NF Z 43-120-11

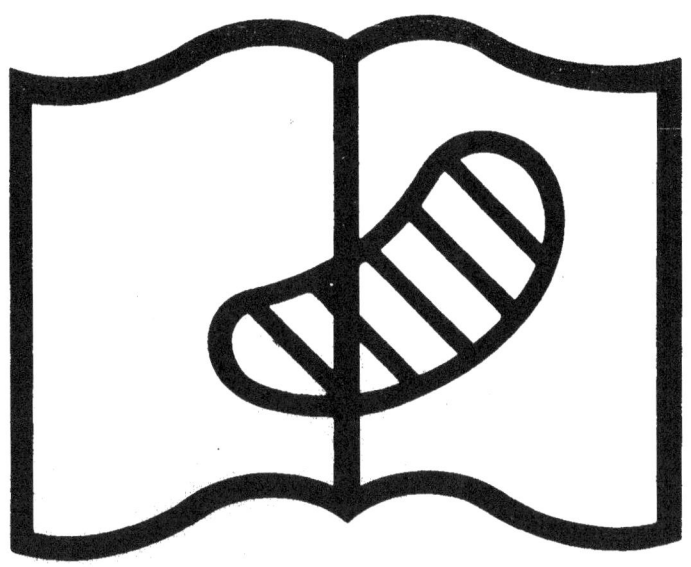

Symbole applicable
pour tout, ou partie
des documents microfilmés

Original illisible

NF Z 43-120-10

MARIE STUART

TRAGÉDIE EN CINQ ACTES

DE

F. SCHILLER

TRADUITE EN VERS ITALIENS PAR SCIPION MAFFEI

REPRÉSENTÉE A PARIS, LE 26 JUIN 1855, SUR LE THÉATRE IMPÉRIAL ITALIEN

PAR LA COMPAGNIE DRAMATIQUE

Au service de Sa Majesté le roi de Sardaigne.

Prix 1 fr. 50 c.

PARIS
MICHEL LÉVY FRÈRES, LIBRAIRES-ÉDITEURS
RUE VIVIENNE, 2 BIS

1855

MARIE STUART

TRAGÉDIE EN CINQ ACTES

DE F. SCHILLER

TRADUITE EN VERS ITALIENS,

PAR

SCIPION MAFFEI

REPRÉSENTÉE A PARIS, LE 26 JUIN 1855, SUR LE THÉATRE IMPÉRIAL ITALIEN

PAR LA COMPAGNIE DRAMATIQUE

Au service de S. M. LE ROI DE SARDAIGNE.

Distribution de la Pièce.

MARIE STUART, reine d'Écosse	Mme A. RISTORI.
ELISABETH, reine d'Angleterre	A. BORGHI.
ANNE, nourrice de Marie	V. RIGHETTI.
ROBERT, comte de Leicester	MM. ERNEST ROSSI.
WILLIAM CECIL	TESSERO.
TABOT	BOCCOMINI.
MELVIL	BORGHI.
MORTIMER	MANCINI.
PAULET	BUCCIOTTI.
UN OFFICIER	BUTI.

UN SHÉRIFF, GARDES DE LA REINE, SERVITEURS DES DEUX SEXES.

PARIS

MICHEL LÉVY FRÈRES, LIBRAIRES-ÉDITEURS

RUE VIVIENNE, 2 BIS

1855

PARIS. — IMPRIMERIE MORRIS ET COMPAGNIE, RUE AMELOT, 64.

AVERTISSEMENT. La longueur excessive de la tragédie a rendu nécessaires des coupures. Les morceaux coupés ont été omis dans cette brochure, pour éviter toute confusion au lecteur.

MARIE STUART

TRAGÉDIE EN CINQ ACTES.

ACTE PREMIER.

Nel castello di Fotoringa.
SCENA PRIMA.
ANNA, PAULETO, *Guardie.*

(*Anna in contrasto con Pauleto che tenta aprire uno scrigno e sta consegnando delle carte ad un soldato.*)

ANN. Signor, che tenti? qual novello insulto?
PAU. O scaltre femminili arti malvagie! Il mio continuo vigilar che giova? Che giova la mia cura?
ANN. Ella qui tiene le sue più care arcane cose.
PAU. In traccia vengo appunto di queste.
(*Traendo delli scritti.*)
ANN. Innocenti fogli; meri scorsi di penna. Essi non sono che francesi dettati.
PAU. Un argomento della loro perfidia è l'idioma; che l'avversario d'Albion favella.
ANN. Son concetti di lettre alla reina d'Inghilterra dirette.
PAU. Io me ne faccio consegnatore.
Che mi splende alli occhi? (*Apre una molla segreta e leva una corona.*) Un diadema ingemmato a franchi gigli? Lo riponi colli altri! (*Lo consegna ad un soldato.*)
ANN. Oh! violenza! Sii benigno, o signor! Non involarne un ultimo ornamento! Ogni altra pompa tu n'hai rapita!
PAU. Con gelosa cura vi sarà custodito, e ritornare a miglior tempo.
ANN. Chi diria che in queste nude pareti una reina alberghi?
PAU. Li anni nel vizio e nel piacer perduti trovano emenda in umiltà di stato.
ANN. S'ella errò negl' incauti anni primieri, a Dio daranne, ed al suo cor, ragione; ma non avvi in Brettagna un che la possa a giudizio chiamar.
PAU. Dove mal fece troverà la condanna.
ANN. Anguste troppo per mal far l'infelice ha la catene. Ella s'avanza. (*Osservando.*)

Au château de Fotheringay.
SCÈNE PREMIÈRE.
ANNA, PAULET.

ANN., *s'avançant vers Paulet, au moment où il essaie d'ouvrir un écrin et où il donne des lettres à un soldat.* Que faites-vous, messire? quelle nouvelle insulte?...
PAU. O ruses malfaisantes des femmes! A quoi est-elle efficace; ma vigilance continuelle? à quoi bon tous mes soins?
ANN. C'est là qu'elle enferme les objets qu'elle veut tenir les plus cachés.
PAU. J'en saisis donc la trace bien à propos. (*Il retire des écrits.*)
ANN. Ce sont d'innocents papiers, des écritures sans valeur... quelques phrases françaises seulement.
PAU. Écrites dans la langue de l'ennemi d'Albion, c'est une preuve de perfidie.
ANN. Ce sont des brouillons de lettres adressées à la reine d'Angleterre.
PAU. Je m'en fais dépositaire. (*Il pousse un ressort secret et découvre une couronne.*) Qu'est-ce donc qui brille à mes yeux?... une couronne avec les lis de France!... qu'elle soit remise avec les autres! (*Il la donne à un soldat.*)
ANN. Quelle violence!... Un peu de bonté, messire! ne nous ravissez pas ce dernier ornement. Tous les autres déjà nous ont été enlevés.
PAU. On le gardera avec un soin attentif, pour vous le remettre en des temps meilleurs.
ANN. Qui dirait que ces murailles nues sont l'asile d'une reine?
PAU. Les années que l'on a passées dans les vices et dans les plaisirs s'expient par une humble existence.
ANN. Si elle a erré dans son imprudente jeunesse, elle en donnera compte à Dieu et à son cœur, mais il n'y a personne en Angleterre qui ait le droit de la juger.
PAU. Où elle a fait le mal, elle trouvera la condamnation.
ANN. Ses chaînes sont trop étroites pour lui permettre de faire le mal. La voici qui arrive!

SCENA II.

MARIA, DA DESTRA, E DETTI.

ANN., *le va incontro.* Il vedi tu, Reina?
Ne si calpesta intieramente! Il vedi?
Infranto è il tuo segreto! Manomesse
Le tue scritture, e l' ultima ricchezza,
L' ultimo nuziale abbigliamento
Di cui già t' era liberal la Francia,
Derubato ti viene.
    MAR.   Un ornamento
La reina non forma. Anna, ti calma.
Pon far di noi vilissimo governo,
Avvilirne non mai! Troppo, o mia cara,
A soffrir m' avvezzáro in Inghilterra,
Per dolermi di questo. Hai colla forza
Ottenuto, o signor, ciò ch' io medesma
Persuasa m' avea di consegnarti.
Se tu volgi que' fogli, un ne vedrai
Per la regia sorella. Or la tua fede
M' obbliga, che tu stesso alle sue mani,
Tu stesso il recherai, senza che varchi
Per quelle di Cecilio.
    PAU.   Andrò pensando
Se farlo mi convenga.
    MAR.   A te non voglio
Occultarne il concetto. In quello scritto
Una grazia le chieggo: il pio favore
D' un colloquio con lei: colla sorella
A me finora sconosciuta! — Io venni
Interrogata al tribunal di tali
Che non sono miei pari, e che non ponno
Inspirarmi fiducia. Elisabetta
È' sangue de' miei padri: ella è mia pari;
A lei sola, o signore, alla reina
Alla suora, alla donna, aprir mi deggio!
(Inchino di Pauleto.)
Dalle mie damigelle e da' miei servi
Voi m' avete disgiunta. Ove son essi?
Come traggono i giorni? Io non mi lagno
Perchè priva di lor: ma fammi certa
Che nessun de' miei cari è molestato:
Nessun condotto a mendicar la vita.
    PAU.   Ad essi è provveduto.
    MAR.   Tu mi lasci?
Tu mi lasci così? Ne togli alfine
L' angoscioso mio cor dalla crudele
Incertezza! Il vegliante occhio de' tuoi
Mi separa dal mondo, e sol m' è noto
Che in balia del nemico è il mio destino.
Parla alfine, o signor! Dimmi, che debba
O sperare o temer.   *(Pausa.)*
    PAU.   Ti riconcilia
Col tuo giudice eterno.
    MAR.   Io nell' Eterno
La speranza ho già fissa... E ne' terreni
Giudici ancora, se ragion li guida.
    PAU. Ragion ti si farà!
    MAR.   La mia sentenza
Han proferta?
    PAU.   Non so.

SCÈNE II.

LES PRÉCÉDENTS, MARIE.

ANN., *courant au-devant d'elle.* On nous foule impitoyablement aux pieds! tu le vois! On viole ton secret, on dérobe tes papiers! on te dépouille de ta dernière richesse, du dernier bijou nuptial que tu tenais de la libéralité de la France.

MAR. Un ornement ne fait pas une reine. Calme-toi, Anna. L'on peut nous maltraiter d'une manière infâme; nous avilir, jamais! Chère amie, on m'a habituée à tant de douleurs ici, que je ne peux plus m'affliger d'une si petite perte. Tu m'as arraché par force, messire, ce que je m'étais promise de te remettre de bon gré. Si tu examines ces papiers, tu en trouveras un pour ma sœur, la reine. A présent donne-moi ta parole que tu le lui remettras en mains propres sans qu'il passe par celles de Cecil!...

PAU. Je réfléchirai si cela peut se faire.

MAR. Je ne veux pas t'en cacher le contenu. Dans cet écrit, je lui demande une grâce: la faveur d'un entretien avec elle! Avec une sœur que je n'ai pas encore connue! J'ai comparu comme accusée devant des juges qui ne sont pas mes pairs et qui ne peuvent m'inspirer aucune confiance. Elisabeth est du sang de mes pères, messire! A elle seule, à la reine, à la femme, à la sœur, je puis ouvrir mon âme. Vous m'avez séparée de mes demoiselles d'honneur et de mes domestiques. Où sont-ils? Comment vivent-ils? je ne me plains pas parce que je suis séparée d'eux; mais donne-moi l'assurance qu'aucun de mes amis n'est molesté à cause de moi, ni réduit à mendier son pain.

PAU., *s'éloignant.* On a pourvu à cela.

MAR. Tu me laisses? tu me laisses ainsi, sans soulager mon cœur anxieux de ces cruelles incertitudes? L'œil vigilant des tiens me sépare du monde, et je sais seulement que ma vie est entre les mains de mes ennemis. Parle, à la fin. Dis-moi ce que je dois espérer ou craindre.

PAU., *après une pause.* Réconcilie-toi avec le juge éternel.

MAR. J'ai déjà mis mon espoir en lui, ainsi que dans les juges terrestres, si la justice les guide.

PAU. Justice te sera rendue.

MAR. Ma sentence est-elle prononcée?

PAU. Je l'ignore.

ACTE I, SCÈNE III.

MAR. M' han condannata?
PAU. Io nol so, ti ripeto.
MAR. Uso è fra voi
L' oprar tumultuoso e repentino.
Vedrommi dal carnefice assalita
Come il fui dal giudizio?
PAU. I tuoi pensieri
Ferma in questo presagio, e più disposta...
MAR. Io so fin dove possa e dove ardisca
Un monarca britanno.
PAU. Un re britanno
Non conosce, o signora, altro ritegno
Che la sua coscienza, e il parlamento.
Pronunziato il giudizio, in faccia al mondo
Eseguito il vedrai.

SCENA III.
MORTIMERO, E DETTI.

MOR, *senza porre attenzione a Maria, si indirizza a Pauleto.* Tu sei richiesto.
(*S' allontana tenendo lo stesso modo. Maria l' osserva con indignazione, e si volge a Pauleto che sta per uscire.*)
MAR. Un' ultima preghiera. Io dal tuo labbro
Molto sopporto, chè l' età canuta
Venerabil ti rende agli occhi miei:
Ma quell' orgoglio giovanil m' irrita!
Toglimi dunque l'odiosa vista
De' suoi fieri costumi.
PAU. In lui ti spiace
Cio che io laudo ed apprezzo. Or da Parigi
E da Remme ritorna, e non mutato
Conserva il generoso animo inglese:
Quindi vana ti fora ogni lusinga.
(*Parte seguito da Mortimero.*)

SCENA IV.
ANNA E MARIA.

ANN. Tanto ardisce il villano?

MAR, *pensosa.* Anna, io prestai
Ne' lieti giorni della mia grandezza
Troppo facile orecchio ai lusinghieri,
E dritto è ben che il doloroso strale
Della tarda rampogna or mi trafigga.
ANN. Che parole, o Maria! che sentimenti!

MAR. Anna, la sanguinosa ombra d' Arrigo
Ha lasciato il sepolcro, e non ho speme
Di placarne lo sdegno anzi che piena
La misura non sia del mio gastigo.
ANN. Oh qual tetro pensiero!
MAR. Hai tu già dunque
La colpa obliata? Io più fedele
La memoria ne serbo... È questo il giorno
Che da più lustri il souvenir mi sveglia
Dell' antico misfatto.
ANN. Ah lascia omai,
Lascia alla pace sepolcral li estinti.

MAR. Suis-je condamnée?
PAU. Je n'en sais rien, je te le répète.
MAR. Vos décisions ont coutume d'être promptes et subites. Me verrai-je frappée à l'improviste par le bourreau, comme je l'ai été par le juge?
PAU. Que tes pensées s'arrêtent sur ce sujet et tu seras mieux prête.
MAR. Je sais jusqu'où peut arriver l'audace et l'abus de pouvoir d'un souverain d'Angleterre.
PAU. Un souverain d'Angleterre, madame, ne connaît d'autre frein que sa conscience et le parlement. Le jugement une fois prononcé, l'exécution aura lieu à la face du monde.

SCÈNE III.
LES MÊMES, MORTIMER. (*Il entre et se dirige vers Paulet sans faire attention à Marie.*)
MOR., *à Paulet.* On te demande. (*Il s'éloigne comme il est entré. Marie l'observe avec indignation, et se tourne vers Paulet qui va sortir.*)

MAR. Une dernière prière. Je supporte beaucoup de toi, parce que tes cheveux blancs te rendent respectable à mes yeux. Mais l'orgueil de ce jeune homme m'irrite; débarrasse mes yeux de ses manières arrogantes.

PAU. Ce qui te déplait en lui est ce qui m'enchante. Il revient de Paris et de Reims, et il n'a pas modifié en lui ses généreux sentiments d'Anglais. Toute louange serait vaine pour toi ici. (*Il sort.*)

SCÈNE IV.
MARIE ET ANNA.

ANN. Une pareille insolence chez ce manant!
MAR., *rêveuse.* Anna, lors des jours heureux de ma grandeur, je prêtai une oreille trop complaisante à la flatterie; il est juste que l'aiguillon de l'insulte me déchire à la fin.

ANN. Quelles paroles, Marie! quelles pensées!
MAR. Anna, l'ombre sanglante de Henri a quitté son tombeau, et je n'espère pas que sa colère s'apaise avant que la mesure de mon châtiment soit comblée.
ANN. Quelle sinistre pensée!
MAR. As-tu donc oublié déjà mon crime? J'en garde un souvenir plus fidèle. Voici le jour qui, depuis longues années, réveille en moi le souvenir de mon ancien forfait.

ANN. Ah! laisse les morts à la paix du tombeau! Un long espace de temps passé dans les

Un lungo ordine d' anni in penitenti
Lacrime scorsi, estinsero...
MARI.   Il delitto
Da gran tempo commesso, alza il coperchio
Alla tomba mal chiusa, e di recente
Sangue rosseggia il marital fantasma.
ANN. Tu trafitto non l' hai.
MARI.   Ma della trama
Consapevole io m' era, e lo condussi
Colle lusinghe ne' mortali agguati.
ANN. Scema la giovinezza il tuo delitto.
Eri tenera tanto !
MARI.   E tanto iniqua !
ANN. Io dell' ammende del tuo lungo pianto
Fui testimone. Ti rinfranca adunque
E dà pace al tuo cor.
MARI.   Alcun s' inoltra... (Osservando.)
ANN. Ritratti : è Mortimero.

SCENA V.
MORTIMERO, E DETTE.

MOR., *entra guardingo, e dice ad Anna.* I limitari
Vigila attenta. Favellar m' è d' uopo
Alla sola reina.
MAR.   Anna, rimanti. (*Con dignità.*)
MOR. Allontana dal core ogni sospetto,
Ed apprendi a conoscermi. (*Le dà un foglio.*)
MAR., *legge attonita.* Che leggo !...
MOR. Obbedisci, o signora, e metti cura
Che non ne colga l' avveduto zio.
MAR. (*Ad Anna che indugia*)
Vanne, vanne, obbedisci. (*Anna parte con segni di sorpresa.*)

SCENA VI.
MARIA, MORTIMERO.

MAR., *Rilegge il foglio che le ha dato Mortimero.* Il mio buon zio !...
Il signor di Lorena ! (*Legge.*)
« A Mortimero »
» Che ti reca il mio foglio, abbandonarti
» Puoi con fidanza : perocchè non hai
» Un amico più fido in Inghilterra. » (*Osserva attonita Mortimero.*)
È un sogno o verità? Mentre io mi credo
Dall' intero universo derelitta,
Ho sì presso un amico, e lo ritrovo
In te, nipote al mio duro custode,
In te ch' io giudicava il più scortese?
MORT. (*Gettandosi ai piedi di Maria.*)
Deh, mi perdona l' aborrita larva
Tu non sai quanto affanno ella mi costa.
Ma pur s' io t' avvicino, e, come ho speme,
Libera ti rifaccio, ad essa il debbo.
MAR. Sorgi !... Tu mi confondi... Io dall'
Di tanti mali trapassar non posso. [abisso
Così rapidamente alla speranza !

---

larmes et la pénitence a suffi pour éteindre...
MAR. Mon crime, longtemps oublié, soulève
le couvercle mal fermé de son tombeau, et je
vois le fantôme de mon époux rouge de sang
tout frais.
ANN. Tu ne l'as pas frappé toi-même.
MAR. Mais je fus complice du meurtre, et
c'est moi qui le conduisis dans le piége par
mes engageantes paroles.
ANN. Ta jeunesse excuse le crime. Tu étais
si jeune !
MAR. Et si cruelle !
ANN. Je fus témoin de ton repentir. Prends
donc courage, et donne du repos à ton cœur.
MAR. Quelqu'un approche...
ANN. Retire-toi, c'est Mortimer.

SCÈNE V.
MARIE, ANNA, MORTIMER, *il entre avec précaution.*

MOR., *à Anna.* Tiens-toi sur le seuil, et
veille avec attention. Il faut que je parle à la
reine seule.
MAR., *avec dignité.* Anna, reste ici.
MOR. Chasse de ton cœur tout soupçon, et
apprends à me connaître. (*Il lui donne un papier.*)
MAR., *après avoir lu,* stupéfaite. Qu'ai-je lu?
MOR., *à Anna,* Obéis, femme, et veille à ce
que je ne sois pas surpris par un oncle soupçonneux.
MAR., *à Anna, qui hésite.* Va, va, obéis.
(*Anna s'éloigne avec des signes de surprise.*)

SCÈNE VI.
MARIE, MORTIMER.

MAR. Mon bon oncle, le duc de Lorraine !
(*Elle lit.*) « Tu peux te confier entièrement à
» Mortimer, qui t'apporte cette lettre. Tu n'as
» pas, en Angleterre, d'ami plus fidèle que
» lui. » Est-ce un songe ou une vérité ? Tandis
que je me crois abandonnée de l'univers entier,
j'ai un ami si près de moi, et tu es cet ami,
toi, le neveu de mon farouche gardien, toi
que je jugeais le plus discourtois ?...

MOR., *se jetant à ses pieds.* Ah ! pardonne-
moi ce masque abhorré dont je me suis couvert. Tu ne sais pas les chagrins qu'il m'a
causés. Mais, si j'approche de toi, si, comme
je l'espère, je puis te rendre la liberté, c'est à
ce masque que j'en serai redevable.
MAR. Relève-toi... tu m'accables... De l'abîme de douleurs où je suis plongée, je ne puis
passer subitement à l'espérance !

ACTE I, SCÈNE VI.

MORT. (*S'alza.*) Il tempo ne sospinge; e Pau-
In compagnia d' un' odiosa fronte   [leto
Qui fra poco verrà; ma pria che venga
Coll' orribile annunzio a funestarti,
Odi come dal cielo inaspettata
La salvezza ti scende.
   MARI.   Ella mi scende
Per divino miracolo!
   MORT.   Concedi
Ch' io da me prenda al ragionar le mosse.
   MARI. Oh parla!
   MORT.   Il quarto lustro omai varcava
Di mia giovane età, nelle severe
Discipline ecclesiastiche cresciuto,
Quando mi tolse il giovanil desio
Alla terra paterna. I tenebrosi
Pergami abbandonai de' puritani,
E trascorsa la Francia, avidamente
Il bramato raggiunsi italo cielo. —
Giunsi in riva del Tebro. — O mia regina,
Qual nuova meraviglia mi comprese
Quando alli occhi mi surse un lungo giro
Di portici, di guglie, e di colonne?
Quando a fronte mi vidi il più sublime
Degli umani ardimenti : il Colosseo!
Il buon genio dell' arti, allor m' aperse
I suoi splendidi incanti. Io non m' avea
Dianzi sentita la gentil potenza.
Vidi il supremo successor di Piero
In sembianze divine! Una verace
Immagine del cielo è la sua reggia :
Che di terrena qualità non sono
Le meraviglie che gli fan corona.
   MARI. Cessa, cessa, o crudel! Non infiorarmi
Di ridenti colori i tristi dumi
Della vita! Ricordati, ch' io sono
Infelice ed avvinta!
   MORT.   Io pur lo fui;
Ma ruppi le catene, e le vitali
Aure del giorno salutai redento.
Molti eletti Scozzesi e molti Franchi
Corsero a festeggiarmi, e mi guidaro
Alla gloria dei Guisa: al tuo gran zio.
Oh, quanto alla virtù delle sue labbra
Si dileguaro i miei vani concetti!
Un giorno che del veglio io m' accogliea
Nelle soglie ospitali, alzando il guardo
Vidi un effigie femminil di rare
Commoventi bellezze, e per la vista
Così profondamente al cor mi scese,
Che, fiso in ella, non battea palpebra.
Figliuol! Ben è ragion che ti commova
Questa nobile immago, egli mi disse :
La più misera è questa, e la più bella
Fra le figlie d'Adamo : una infelice
Martire della fede; e la tua terra
E la terra infedel delle sue pene :
Allor mi pinse i tuoi miseri casi,
E la rabbia crudel de' tuoi nemici.
Poi noverando i re donde procedi
Mi persuase che tu sei germoglio

MOR., *se levant.* Le temps nous presse; et
Paulet va venir en compagnie d'une personne
odieuse. Mais, avant qu'il t'apporte la funeste
nouvelle, écoute comment un salut inespéré
descend du ciel pour toi !

   MAR. Il me vient par un miracle d'en haut.

   MOR. Permets-moi que je commence par te
parler de moi-même.

   MAR. Oh ! parle....

   MOR. Le quatrième lustre de ma jeunesse
s'était écoulé sous la discipline sévère des
prêtres, lorsque mon ardeur de voyages m'é-
loigna du sol natal. J'abandonnai les ténébreuses chaires des puritains, et, traversant
la France, je courus aux rivages désirés de
l'Italie. J'arrivai sur les bords du Tibre. —
O ma reine, quel fut mon enthousiasme,
quand mes yeux découvrirent ce merveilleux
spectacle de portiques, d'obélisques, de co-
lonnes; quand je me vis face à face avec le
plus audacieux chef-d'œuvre des hommes, le
Colisée ! Le génie bienfaisant des arts me fit
goûter alors ses plus sublimes enchantements;
je n'en avais pas encore éprouvé la divine
puissance. Je vis l'image surhumaine du suc-
cesseur de Pierre : et son palais me sembla
une véritable image du ciel, car les merveilles
qui l'environnent ne sauraient appartenir à la
terre.

   MAR. Arrête ! arrête ! cruel ! ne cherche pas
à couvrir de fleurs les ronces de mon existence. Rappelle-toi que je suis malheureuse
et captive !

   MOR. Moi aussi je le fus; mais je brisai
mes chaînes, et, racheté enfin, je respirai le
souffle vivifiant de la liberté. Bien des Fran-
çais, bien des Écossais distingués m'accueilli-
rent avec joie et me conduisirent près de celui
qui forme la gloire des Guises, près de ton illustre oncle. Oh ! comme mes fausses croyan-
ces se changèrent aux nobles et puissants
accents de sa voix ! Un jour que j'étais sous
le toit hospitalier du bon vieillard, je levai
par hasard les yeux et je vis l'image d'une
rare beauté. Ce spectacle frappa tellement
et pénétra mon cœur que je le contemplais
immobile avec étonnement. — Mon fils, me
dit le duc, c'est avec justice que t'émeut cette
noble image : elle représente la plus belle et
la plus malheureuse des filles d'Adam ; une
infortunée martyre de la foi ; et ton pays est
le pays impie où elle souffre. — Alors il me
peignit ton triste sort et la rage de tes ennemis ; puis, énumérant l'illustre généalogie de
rois dont tu descends, il me montra que tu es
bien la fille des Tudors, et que la couronne
d'Angleterre te revient de droit, que ce droit

Dei possenti Tudorri, e che per dritto
A te si debbe la corona inglese,
Che la vera tua colpa è il tuo buon dritto,
Che la terra medesma ove tu gemi
Prigioniera innocente, è tuo retaggio.

MARI. Dritto infelice! Sciagurata fonte
Di mie tante sventure...

MORT. In questo io seppi,
Che strappata da Talbo, alle severe
Mani del mio congiunto eri commessa.
Parvemi l'improvviso avvenimento
Un aita del ciel, una possente
Voce del fato che alla tua salvezza
Il mio braccio scegliea. Tutti li amici
M'infiammano concordi a tanta impresa;
Il tuo nobile zio mi vi conforta
Benedicendo, e con sottili avvisi,
Del simular l'ingrata arte m'insegna.
Abbracciato il consiglio, io non frapposi
Altro indugio al cammino, ed afferrai,
Orfa il decimogiorno, il suol brittanno. (Pausa.)
Oh tradita infelice! Io t'ho veduta
Non in effigie, ma spirante e vera!
Qual tesoro si cela in queste mura!
Esse per fermo un carcere non sono
Ma la stanza d'un Dio! Ben più lucente
D'una reggia britanna! O fortunato
Chi ti vede, chi t'ode e chi respira
L'aura che tu respiri! È scaltro avviso
L'asconderе il tuo volto in un sepolcro.
Il tuo mostrarti, e sorgere in minaccia
Tutta l'ardente gioventù britanna,
Ogni brando fuggir dalla vagina,
E per queste pacifiche contrade
Scorrere la rivolta, è un punto solo.

MAR. Me felice, me lieta, ove ciascuno;
Mi vedesse, o signor, colli occhi tuoi.

MOR. Io mai non volgo a queste soglie il piede
Senza che nel diviso animo senta
La pietà de' tuoi mali e la celeste
Voluttà del vederti!... Il fato intanto
Spaventoso t'incalza! Ora non fugge
Senza che non accresca il tuo periglio;
Nè più debbo indugiar, nè più tacerti
L'inaudito misfatto.

MAR. Han proferita
La mia sentenza? Libero favella:
Io la posso ascoltar.

MOR. Quaranta voci
Ti giudicar di fellonia convinta;
E Londra tutta in fremito domanda
Che s'adempia il giudicio. Elisabetta
Indugia tuttavia: non per istinto
Di pietà; ma per arte: ella vorrebbe
Aderirvi costretta.

MAR. In me non vedi
Nè stupor, nè spavento. A questo annuncio
Preparata già sono. Io ben conosco
L'equità de' miei giudici: allo strazio
Ch' essi fanno di me, veggo pur troppo
Che non pon liberarmi. Il lor consiglio

est ton véritable crime, que la terre même
où tu gémis, innocente captive, est ton hé-
ritage.

MAR. Droit malheureux! source infortunée
de tous mes malheurs!

MOR. Il m'apprit encore que, enlevée à
Talbot, tu étais confiée à la garde sévère de
mon parent. Cet événement imprévu me sembla un avis du ciel, une voix puissante de la
destinée, qui choisissait mon bras pour le con-
sacrer à ton salut. Tous mes amis m'enga-
gèrent à tenter cette noble entreprise; ton illustre oncle me bénit pour me donner courage, et ce fut d'après ses conseils et ses en-
seignements que je me présentai sous cet aspect fâcheux. A peine mon plan arrêté, je
n'usai d'aucun retard, et voici dix jours que
j'ai touché le sol britannique. O malheureuse
victime de la trahison! je t'ai vue, non pas en
effigie, mais vivant et respirant! Oh! quel
trésor est caché en ces murs! Ce n'est plus une
prison, mais la demeure d'une divinité! demeure plus brillante que celle des souverains
d'Angleterre! Heureux qui te voit, qui t'entend, qui respire l'air que tu as respiré! C'est
une précaution sage que d'enfouir ta beauté
dans ce tombeau. Ton aspect suffirait pour
enflammer en ta faveur toute la jeunesse anglaise, pour tirer toutes les épées du fourreau,
et pour faire naître la révolte dans toutes ces
pacifiques contrées! ce ne serait qu'un instant.

MAR. Que je serais heureuse, ami, si tous
me voyaient de tes yeux!

MOR. Je ne me dirige jamais vers ces lieux
sans que mon cœur ne se partage entre la
pitié que m'inspirent tes maux et le bonheur
céleste de te voir... En attendant, une destinée terrible te menace, nulle heure ne s'é-
coule sans redoubler tes dangers,.. je ne dois
plus tarder... je ne dois plus te céler le crime
horrible...

MAR. Ils ont prononcé ma sentence! Parle
en toute liberté, je puis l'entendre.

MOR. Quarante voix t'ont jugée coupable de
félonie, et Londres demande en frémissant
que la sentence soit exécutée. Pourtant Elisabeth tarde, non par pitié, mais par adresse;
elle voudrait avoir la main forcée.

MAR. Tu ne vois en moi ni stupeur, ni
crainte. J'étais déjà préparée à cette nouvelle.
Je connais bien l'équité de mes juges, et je
vois à leur conduite envers moi, aux souffrances qu'ils me font endurer, qu'ils ne peuvent me mettre en liberté. Leur dessein sera

ACTE I, SCÈNE VI.

Sarà di seppellirmi entro le mura
D' un eterna prigione.
MOR.   Ah no! contenti
Al carcere non sono. A mezza impresa
La tremante tirannide non resta.
Finchè tu vivi, in cor d'Elisabetta
Vive il sospetto; nè prigion, nè serra
È profonda che basti al suo terrore.
La tua morte soltanto alla rivale
Rassicura il diadema.
MAR.   Ed oserebbe
Por sotto il taglio d' una vil mannaia
La mia testa regal?
MOR.   Ben oserallo :
Non dubitarne.
MAR.   E gitterà nel fango
La reverenza della sua corona?
Quella di tutti i re? Nè della Francia
Temerà la vendetta?
MOR.   Eterna pace
Colla Francia ella stringe.
MAR.   E l'Inghilterra
Sosterrà lo spettacolo feroce
Di veder sopra un palco una regina?
MOR. Molte donne scettrate a nostri tempi
Vide l'indifferente occhio britanno
Discendere dal trono alla bipenne.
Non morì sul patibolo l' istessa
Madre d'Elisabetta, Anna Bolena?
MAR. No, Mortimero ! Un pio timor t'acceca;
Io non temo il supplizio. Altri vi sono
Taciti modi a securar per sempre
Da' temuti miei dritti Elisabetta.
Anzi che la bipenne e il manigoldo,
Vedrai come più torni al suo disegno
Il braccio del sicario. È questo il solo
Il mio vero terrore. Io non appresso
Al labro sitibondo unqua la tazza...
MOR. Sgombra il timor: nè pubblica mannaia
Nè segreto veleno alla tua sacra
Vita s' accosterà. Dodici arditi
Della più scelta gioventù britanna
Collegati son meco, e sull' altare
Presero in questo giorno il giuramento
Di strapparti coll' armi a queste mura.
MAR. Tremar mi fai... ma non di gioia!...
                            [Un triste
Presentimento mi trafigge il core. —
Sai tu, sai tu che tenti? E non ti fanno
Ammonito e tremante i sanguinosi
Capi di Babintonno e di Tisburno
Per esempio comune ai ponti infissi?
Fuggi da queste barbare contrade.
Fuggi rapidamente : alcun mortale
Non soccorre Maria.
MOR.   Non mi sgomenta
La fiera vista delle tronche teste
Per esempio comune ai ponti infisse :
Non mi arresta il periglio e la caduta
Di tanti innumerabili infelici
Che v'han posto la vita. Essi cadendo

de m'ensevelir entre les murs d'une prison perpétuelle.
MOR. Non ! non ! la prison ne saurait les satisfaire ! Tant que tu vivras, le soupçon vivra dans le cœur d'Elisabeth : ni prison, ni cachots ne seront suffisants pour son effroi. Ta mort seule raffermira le diadème sur la tête de ta rivale.

MAR. Et elle oserait, sous la hache infâme, faire tomber ma tête, la tête d'une reine !

MOR. Elle l'osera ; garde-toi d'en douter.

MAR. Elle osera souiller l'honneur de sa couronne ? celui de tous les rois ? Elle ne craindra pas la colère de la France ?

MOR. Elle a conclu avec la France une paix perpétuelle.

MAR. Et l'Angleterre pourra souffrir le spectacle barbare d'une reine sur l'échafaud ?

MOR. Bien des femmes couronnées, de notre temps, ont descendu du trône au billot, sous les yeux indifférents du peuple anglais. La mère d'Élisabeth, Anne Boleyn, n'est-elle pas morte sous la hache?

MAR. Non, Mortimer. Ta pieuse frayeur t'aveugle. Je ne crains pas le supplice. Il est d'autres moyens qu'Elisabeth peut employer pour sauvegarder ses droits, et plus sûr que la hache et le bourreau, le bras des assassins saura accomplir ses projets. C'est la ma seule crainte, et je n'approche plus la coupe de mes lèvres altérées.

MOR. Dissipe toute crainte : ta vie sacrée ne finira pas ni sur l'échafaud ni par un poison ténébreux. Douze jeunes gens intrépides, choisis dans la fleur de la jeunesse britannique, se sont conjurés avec moi, par serment, sur l'autel, aujourd'hui même, pour t'arracher à ces murailles.

MYR. Tu me fais trembler... mais non de joie ! Un triste pressentiment me perce le cœur... Sais-tu, sais-tu ce que tu tentes ? Et les têtes sanglantes de Babington et de Tisbrun, attachées aux ponts de Londres pour l'effroi de leurs imitateurs, ne te font-elles pas frissonner ? Fuis ce pays barbare, fuis en toute hâte; nul mortel ne peut secourir Marie.

MOR. Ces têtes coupées et clouées aux ponts pour servir d'exemple, ne sauraient m'effrayer, pas plus que le péril, pas plus que la perte des victimes si nombreuses qui se sont dévouées pour toi. Leur mort les a couronnés d'une couronne immortelle; et je serais heureux de

Cinser il crine d' immortal corona,
E m' è gioia morir per tua salvezza.
MAR Invano! Arte, nè forza, apre i cancelli
Di queste soglie. È vigile il nemico.
Ed è sua la potenza. Il tuo congiunto,
E le poche sue guardie, ah no, non sono
I miei soli custodi! È l'Inghilterra
La mia custode, l'Inghilterra tutta!
Non può sciogliere omai la mie catene
Che la stessa reina.
MOR.   Invan lo speri!
MAR. Lo può solo un vivente.
MOR.   Oh qual? Lo noma...
MAR. Lester!
MOR, *attonito*. Il tuo nemico?... Il favorito
D' Elisabetta?... Da colui tu speri?...
MAR. Senza l' opra del conte io son perduta.
A lui vanne, a lui t' apri, e per fiducia
Questo foglio gli porgi. (*Si trae dal seno un
ipvolto che Mortimero indugia a ricevere.*)
                    Esso racchiude
L' effigie mia. Non titubar : la prendi!
Da gran tempo io la guardo, e in sen la reco.
Chè l' accorto tuo zio, m' ha fino al conte
Interciso il cammino. Or te mi guida
Un angelo benefico...
MOR.   Reina...
Questo enigma... lo spiega...
MAR.   Al conte il lascio.
Tu confida nel conte : egli in te pure
Confiderà... chi s' avvicina?
ANN., *venendo da sinistra*.   È giunto
Un uom di corte e Pauleto il guida.
MOR. E Guglielmo Cecilio. Arma il tuo petto
Di costanza e di forza, il fiero annunzio
Imperterrita ascolta. (*Esce dopo che sono
entrati li altri.*)

SCENA VII.

PAULETO, CECILIO, E DETTE.

PAU.   Una certezza
Non bramavi, o signora? Una certezza
Da Cecilio udirai. Tu la comporta
Rassegnata.
MAR.   Col nobile contegno
Ch' mi dà l'innocenza.
CEC.   Io del giudizio
Inviato a te vengo.
MAR.   Il buon Cecilio
Presta il labbro cortese, a cui cortese
Il consiglio prestò.
CEC.   Tu parli in modo
Come già fossi del giudizio esperta.
MAR. Se Cecilio n'è messo, io non ignoro
Il pio tenor della sentenza. — Al fatto.
CEC. Tu sommessa fosti al tribunale.
MAR. Io non lo fui. Nè l'arbitra mi credo
Di strapparmi dal capo una corona.
Ogni accusato giudicar si debbe
Da' giurati suoi pari. Or chi di voi,
È mio pari? Nessuno. Io non conosco

mourir pour te sauver.

MAR. C'est en vain ! Ruse ni force ne pourront ouvrir ces verrous. L'ennemi veille : il a le pouvoir. Ton parent, ses gardes peu nombreux ne sont pas mes seuls geôliers ; c'est l'Angleterre, l'Angleterre entière qui me retient captive ! Nul ne peut désormais briser mes fers que la reine elle-même.
MOR. Tu l'espères en vain.
MAR. Un seul homme le peut.
MOR. Qui donc? nomme-le...
MAR. Leicester.
MOR., *surpris*. Ton ennemi ! le favori d'Élisabeth ? Tu espères...
MAR. Sans l'appui de Leicester je suis perdue. Va le trouver, ouvre-toi à lui, et donne-lui ceci pour avoir sa confiance. (*Elle tire de son sein un papier que Mortimer hésite à prendre.*) C'est mon portrait : n'hésite pas, prends-le. Depuis longtemps je le conserve, et je le porte dans mon sein, car ton oncle m'a jusqu'à ce jour interdit tout accès auprès du comte. Mon bon ange l'a amené à moi...
MOR. Reine.... cette énigme.... explique-la-moi...
MAR. Il t'en dira le mot : je lui en laisse le soin. Aie confiance en lui, il en aura en toi... Qui vient?
ANN., *accourant*. Voici un envoyé de la cour amené par Paulet.
MOR. C'est William Cécil. Arme-toi de force et de courage, et entends sans effroi la terrible nouvelle. (*Il s'éloigne.*)

SCÈNE VII.

MARIE, PAULET, CÉCIL.

PAU. Ne demandiez-vous pas, madame, une certitude? Cécil va vous satisfaire. Écoutez-le avec résignation.
MAR. Avec la fière attitude que donne l'innocence.
CÉC. Je te suis envoyé par les juges.
MAR. L'excellent Cécil prête aux juges sa voix avec autant de complaisance que ses conseils.
PAU. Tu parles comme si tu connaissais déjà ton arrêt.
MAR. Puisqu'on m'envoie Cécil, je n'ignore pas les termes de la sentence. — Au fait !
CÉC. Tu t'étais soumise au tribunal.
MAR. Jamais ! Je ne me crois pas moi-même compétente pour m'arracher ma couronne de la tête. D'ailleurs, tout accusé doit être jugé par ses pairs. Et qui de vous est le mien ? Per-

ACTE I, SCÈNE VII.

Altri pari che i re.
CÉC. Tu n' hai le accuse
Ascoltate ingiudizio. Il ciel britanno
Tu respiri, tu vivi alla difesa
Delle leggi britanne, e non dovrai
Rispettarne i decreti?
MAR. Io l' aria spiro
D'un carcere britanno.... E forse questo
Un fruir delle leggi in Inghilterra?
Appena io le conosco, e sottopormi
Non potrei volontaria al loro impero.
Io non nacqui Britanna. Una reina
Liberissima sono : una reina
Di straniere contrade.
CÉC. Io qui non venni
Teco a garrir d'inutili parole.
Il fatto è già dimostro.—Ove nel regno
Un tumulto si sveli, una rivolta
In nome di chiunque, alla corona
D' Inghilterra pretenda, e del delitto
Si raccolga la prova, il delinquente
È punito nel capo.—Alla congiura
Di Parri e Babintonno, al tradimento
De' suoi perfidi soci eri l'impulso,
E dal profondo della tua segreta,
Istrutta d' ogni mossa, al gran disegno
Conducevi le fila.
MAR. Io? quando il feci?
Ove sono le scritte?
CÉC. Esse ti furo
In giudizio profferte.
MAR. Erano stese
Da ignota man. S'adducano i contesti
Ch' io stessa le dettai ; ch' io le dettai
Come vennero lette!
CÉC. Anzi che tratto
Fosse alla morte, Babintonno istesso
Le conobbe per tue.
MAR. Che non m' avete
Strascinato costui nel mio cospetto?
Perchè tanto affrettar la sua condanna,
Senza pormelo innanzi?
CÉC. Anche i tuoi servi
Curio e Navè, sostennero giurando
Che non corse in quei fogli una parola
Senza uscir dal tuo labbro.
MAR. E sulla voce
Degli stessi miei servi osan dannarmi?
Di questi infami che nell' ora istessa
Mi rompono la fede e mi si fanno
Crudeli accusatori?
CÉC. Hai macchinata
Di questo regno l' ultimo ruina ;
E tutte le diverse armi d' Europa
Contro l' Anglia movesti.
MAR. E fatto io l' abbia?...
Pur non lo feci. Ma se fosse? Avvinta
Mi veggo in questo suol, contro la legge
Delle genti, e de' regni ! Io qui non mossi
Col brando in pugno ; supplice qui mossi
Implorando un ospizio, e nelle braccia

sonne. Je n'en connais que les rois.
CÉC. Tu as entendu les charges de l'accusation portée contre toi. Respirant l'air britannique, tu vis sous la protection de nos lois ; ne dois-tu pas les respecter ?
MAR. Je respire l'air d'une prison britannique. Est-ce là le bienfait des lois de l'Angleterre ? A peine si je les connais : je ne puis me soumettre de plein gré à leur empire. Je ne suis pas née Anglaise : je suis reine, reine et libre ; reine d'un pays étranger.

CÉC. Je ne suis pas venu ici pour me disputer avec toi par de vaines paroles. Le fait est démontré. Dans la conjuration de Parry et de Babington, dans la trahison de leurs perfides associés, tu as servi de mobile, et, du fond de ta prison, instruite de tout mouvement, tu tenais le fil de leurs desseins.

MAR. Moi ? quand l'ai-je fait ? où en sont les preuves écrites ?
CÉC. Elles t'ont été montrées lors de ton jugement.
MAR. Elles étaient d'une main inconnue. Qu'on me donne la preuve que je les ai dictées : que je les ai dictées telles qu'on les a lues !
CÉC. Lorsqu'il fut traîné à la mort, Babington lui-même a avoué qu'elles venaient de toi.
MAR. Pourquoi ne l'avez-vous pas traîné en ma présence ? Pourquoi avez-vous hâté sa mort sans le confronter avec moi ?

CÉC. Tes serviteurs eux-mêmes, Kurl et Naw, ont déclaré que pas un mot n'avait été écrit qui ne fût sorti de ta bouche.
MAR. Et ils ont osé me condamner sur le témoignage de mes serviteurs eux-mêmes ? de ces infâmes qui violaient la foi jurée pour se faire mes accusateurs ?

CÉC. Tu as machiné la ruine du royaume, et tu as excité contre l'Angleterre les armes de l'Europe.

MAR. Et quand je l'aurais fait ! Je ne l'ai pas fait, mais quand ce serait ? Ne suis-je pas enchaînée ici contre toute justice, contre tout droit des gens ? Je ne suis pas venue ici l'épée à la main suppliante, je suis venue demander asile ; je me suis jetée confiante dans les

D' una donna regal, d' una sorella
Confidente gittandomi : ma dove
Un aiuto sperava, io vi trovai
Catene, e violenza! Or mi rispondi :
Quall' accordo m' unisce all' Inghilterra?
Qual dover mi vi lega? Il santo dritto
Che mi dà la natura uso tra voi
Se tento lacerar le mie ritorte,
Se m' oppongo alla forza, e in mio soccorso
I regni invoco ed i regnanti. I mezzi
Cavallereschi d' una giusta guerra,
I magnanimi mezzi oprar m' è dato :
La regia altezza e la virtù mi vieta
L' omicidio soltanto e la congiura.
L' omicidio sarebbe una perenne
Infamia al nome mio : dico un' infamia :
Non soggetto di legge e di condanna ;
Chè fra l' Anglia e fra me non è contesa
Che dell' unica forza.
  céc. Alla tremenda
Ragion non t' appellar del più potente :
Essa non giova ai prigionieri.
  mar. Io sono
L' inerme, essa è la forte. Or via, si valga
Del suo poter! Mi sveni, e sull' altare
Del timor l' innocente ostia trafigga.
Così palesi che la forza adopra,
Non la giustizia. Delle sante leggi
Non invochi la spada a tor dal mondo
La temuta rivale ; all' ardimento
Della crudele prepotenza strappi
Questo manto onorato, e non inganni
Colle sue menzognere arti la terra.
Uccidermi ella può, non giudicarmi.
Cessi omai di velar colla mentita
Larva della virtù gl' iniqui frutti
Del suo delitto ; e qual' è veramente
Tale ardisca mostrarsi al mondo intero. (*Parte.*)

SCENA VIII.
CECILIO E PAULETO.

céc. Ella ne sfida e sfidaranne, il credi,
Sul patibolo istesso!... Oh non si doma
Quel cor superbo! Della sua morte
L' atterrà forse l' improvviso annunzio ?
Indi procede il duol d' Elisabetta!
Oh fosse questa madre di sventure,
Stata morta e sepolta, anzi che l' orma
Fuggitiva volgesse a questi lidi!
 pau. Così pur fosse!
 céc. In carcere l' avesse
Alcun morbo consunta! Ha la regina
Il dritto della grazia, e repugnante
È forzata ad usarne. Il pieno corso
Della giustizia intollerabil fora.
 pau. Dunque ?
 céc. *con ira.* Dunque che viva ?... oh no!
[non mai!
Questo è il dolor ch' Elisabetta affligge!
Che requie e senno le disvia.

bras d'une reine, d'une sœur : et là où j'espérais aide et secours, je n'ai trouvé que violence et captivité! Réponds-moi maintenant. Quel traité m'unit-il à l'Angleterre? Quel devoir me lie-t-il à elle ? J'use d'un droit sacré que me donne la nature, si j'essaie de briser mes fers, si je m'oppose à la violence, si j'appelle à mon aide les rois et les souverains de la terre. Je puis employer les moyens héroïques et grandioses d'une juste guerre ; mon grade et mon honneur ne me défendent que les complots et l'homicide. L'homicide attacherait une infamie éternelle à mon nom ; je dis infamie, mais non sujet de jugement et de condamnation, car entre l'Angleterre et moi il n'y a d'arbitre que la force.

céc. N'en appelle point au redoutable droit du plus fort : cela ne convient pas à un captif.

mar. Je suis la plus faible : elle est la plus forte. Eh bien ! qu'elle use de son pouvoir. Qu'elle m'égorge, qu'elle immole l'innocente victime sur l'autel de la Terreur : on verra bien que c'est la violence qui la dirige et non la justice ; qu'elle n'invoque pas la sainteté des lois pour frapper de leur glaive une rivale innocente et redoutée. Qu'elle arrache le manteau honorable dont elle couvre son cruel despotisme, et qu'elle cesse de tromper l'univers par ses intrigues et ses mensonges. Elle peut me tuer, non me juger. Qu'elle cesse de couvrir du masque de la vertu les injustes projets de son âme criminelle ; qu'elle sache enfin se montrer telle qu'elle est au monde entier ! (*Elle sort.*)

SCÈNE VIII.
CÉCIL, PAULET.

céc. Elle nous brave et nous bravera, crois-moi, jusque sur l'échafaud ! On ne peut dompter ce cœur superbe ! A-t-elle éprouvé le moindre trouble à la nouvelle soudaine de sa condamnation ? Et c'est là le tourment secret d'Elisabeth! Oh! pût-elle être morte avant d'arriver en fugitive sur nos rivages ! morte et ensevelie, cette mère de toutes ces infortunes !

pau. En effet !

céc. Si une maladie l'avait dévorée dans sa prison ! Notre reine a droit de grâce, et, malgré elle, il faudra qu'elle en use. Pleine justice serait impossible !

pau. Ainsi ?

céc., *avec rage.* Ainsi elle vivra ? Oh ! non ! non ! Voilà quelle douleur déchire Elisabeth, et lui ôte tout sommeil, tout repos !

ACTE I, SCÈNE VIII.

PAU. È questa omai
Dura necessità che non si muta.
CEC. Ben mutar si potrebbe, ove i miei servi
Fossero più sagaci : ella discorre
Nel suo pensiero.
PAU. Più sagaci i servi!...
CEC. Interpretando il suo tacito cenno!...
PAU. Il suo tacito cenno!...
CEC. A poco, a poco
Spargesi ch' ella è inferma : indi più grave
Si bisbiglia il suo male : alfin si spegne ;
E così si cancella eternamente
Nel pensier delle genti, e tutta integra
La tua fama riman.
PAU. Ma nol rimane
La mia virtù !
CEC. Se il tuo braccio ricusi
Non vietar che un ignoto...
PAU., *con crescente indignazione.* Alcun sicario
Non verrà, me vivente, a queste soglie!
E fino che la protegge il Dio custode
Della mia casa, il suo capo m' è sacro,
Sacro non men che il coronato capo
D'Elisabetta. I giudici voi siete.
Giudicate! Spezzate alfin la verga,
E s' eriga il patibolo! Le sbarre
Del mio castello rimarranno aperte
Al carnefice solo, allo sceriffo.
Or ella è mia prigione, e ti dò fede
Che sarà vigilata onde non abbia
Nulla a tentar, nulla a patir di reo! (*Via.*)
(*Azione in Cecilio; e cala il sipario*).

PAU. C'est pourtant une nécessité inflexible !
CÉC. On pourrait la changer, si mes serviteurs se montraient plus adroits; c'est ce qu'elle se dit.
PAU. Plus adroits, dis-tu ?...
CÉC. En interprétant sa secrète pensée...
PAU. Sa secrète pensée...
CÉC. Peu à peu le bruit se répandrait qu'elle est malade ; puis sa maladie s'aggraverait... enfin elle meurt. Et c'est ainsi qu'on réussit à l'effacer pour jamais de l'esprit du public, et que ta renommée demeurerait intacte.
PAU. Mais ma vertu demeurerait-elle intacte ?...
CÉC. Si tu ne veux prêter ton bras, souffre qu'un inconnu...
PAU., *avec une indignation croissante.* Nul assassin, moi vivant, ne pénétrera ici ! Et tant que le Dieu protecteur de ma demeure étendra sa main sur elle, sa tête me sera aussi sacrée que celle d'Elisabeth ! Vous êtes juges, jugez ! Prononcez la sentence, et faites dresser l'échafaud ! Les portes de mon château s'ouvrent pour le bourreau et pour le shérif seuls. A présent, elle est prisonnière sous ma garde, et je te donne ma foi qu'elle n'aura à trembler, à souffrir d'aucun crime ! (*Ils sortent.*)

ACTE DEUXIÈME.

À Westminster.

SCENA PRIMA.

CECILIO, TALBO, LEICESTER, ELISABETTA.

CEC. Gloriosa reina! Oggi incoroni
Del tuo popolo i voti, per la prima
Volta n' è dato l' esultar tranquilli
De' fausti giorni che ne rechi! Alfine
Più non gettiamo l' atterrito sguardo
In un tetro avvenir. Solo una cura
Questo regno ancor punge : il comun grido
A te dimanda un sagrificio. Adempi
Il sospiro di tutti, e in questo giorno
Stabilita vedrem l' universale
Felicità.

ELI. Che brama ancor, che vuole
L' Anglia da me?

CEC. Della Stuarda il capo!
Se ti è caro, o gran donna, assicurarne
Della conteso libertà l' acquisto,
Se tremar non dobbiamo eternamente
Sulla tua vita, la Stuarda pera!
Non pensano i Britanni, e tu lo sai,
Tutti ad un modo; omai, credi t' è forza
Di ricevere il colpo o di vibrarlo.
La sua vita t' è morte, e la sua morte
T' è vita.

ELI. Adempi, o nobile Cecilio,
Un ufficio increscioso. I puri moti
Del tuo zelo io conosco, e la sagace
Prudenza io veggo che dal cor ti sorge ;
Ma nel chiuso dell' anima detesto
Questa prudenza sanguinosa ! Eleggi
Un più mite consiglio. — O generoso
Talbo, ne scopri il tuo sentir...

TAL. Regina :
Degnamente applaudisti alla fedele
Cura, che infiamma di Cecilio il petto.
A me pure, a me pur, benchè dal labbro
Non isgorghi eloquente, un cor si move
Fido non meno. Più felici tempi
Non rammenta Albion, da che si regge
Con patrio scettro, ma le sue fortune
Con la fama non compri, o almen se questo
Avvenisse, i dolenti occhi di Talbo
Siano chiusi in eterno. Ah ! cerca, cerca
Altri mezzi, o reina, alla salute
Di questo regno, perocchè la morte
Della regia straniera è mezzo ingiusto.
Tu non puoi fulminar d' una sentenza
Chi soggetta non t' è.

ELI. Dunque s' inganna
Il Consiglio di Stato, il Parlamento ;

SCÈNE PREMIÈRE.

ELISABETH, assise; LEICESTER, CÉCIL, TALBOT.

CÉC. Glorieuse reine, aujourd'hui tu remplis les vœux de ton peuple, et, pour la première fois, il nous est donné de jouir en paix de la prospérité de ton règne! Enfin nous pouvons cesser de voir l'avenir d'un regard d'effroi ! un seul souci nous frappe encore. La voix publique demande un dernier sacrifice ; exauce la prière de tous; et ce jour verra s'établir le bonheur général.

ÉLI. Que me demande, que souhaite encore l'Angleterre?

CÉC. La tête de Marie Stuart! Si tu veux consolider notre liberté à tous, et nous empêcher de trembler sans cesse pour ta vie ; qu'elle meure! La Bretagne entière, tu le sais, n'a pas une autre pensée. Il faut aujourd'hui que tu frappes ou que tu sois frappée : sa mort est ta vie, sa vie est ta mort.

ÉLI. Noble Cécil ! tu remplis un triste devoir. Je reconnais ton zèle ardent et pur, je vois toute la sagesse dans ce conseil que me donne ton cœur : mais le mien déteste cette prudence qui verse le sang ! Offre-moi un avis plus humain. Généreux Talbot, fais-moi connaître ta pensée.

TAL. C'est avec raison que tu as applaudi, reine, à la fidélité qui enflamme le cœur de Cécil. Moi aussi, bien que ma lèvre ignore les paroles éloquentes, je sens battre en moi un cœur fidèle. Albion ne se rappelle pas des temps plus heureux que ceux-ci, depuis le règne de ton père : mais l'on n'achète pas le bonheur par le sacrifice de la renommée !... ou, du moins, si cela doit arriver, qu'auparavant les yeux de Talbot se ferment pour l'éternité ! Cherche un autre moyen, reine, pour assurer le salut de ton royaume, car la mort de la reine étrangère est un moyen injuste. Tu ne peux frapper d'un arrêt de mort celle qui n'est pas ta sujette.

ÉLI. Ainsi le Conseil d'État se trompe, le Parlement se trompe, quand, de même que

ATTO II, SCENA I.

S'ingannano concordi i miei giudizi
Che m'ascrivono il dritto!
　　TAL.　　　　　Un argomento
Del buon dritto non è la preminenza,
Della somma de' voti. Anglia, o Regina,
L'universo non forma : che l'arbitra tu sia
Dell' alta liberissima tua voglia,
Puoi farne ad ogni istante esperimento;
Provati, acclama che dal sangue abborri,
Che vuoi francata la regal sorella.
Vibra gli strali d'un verace sdegno
Contro le labbra d'un opposto avviso;
E subito vedrai questo assoluto
Bisogno dileguarsi, e il giusto dritto
Farsi aperta ingiustizia. A te soltanto
È dato il giudicarne. A questa canna
Manchevole ad un soffio, e vacillante
Appoggiarti non puoi. La tua clemenza
Segui animosa. Nel femmineo petto
Il rigore e l' asprezza
Iddio non pose. Una difesa a lei
Non si concede, ed uom non osa
Favellando a suo prò, di concitarsi
La tremenda ira tua, dunque a me lascia;
A me canuto e già presso la tomba,
Nè più blandito da terrena speme,
La difesa di questa abbandonata.
Deh! non si dica, Nel tuo consiglio,
Il malnato, parlasse odio di parte ;
E l'amor di se stesso : E non tacesse
Che la sola pietà. Tutto congiura
Tutto, o reina, a danni suoi ! Tu stessa
Non vedesti il suo volto, e nulla al core
Ti ragiona di lei. Delle sue colpe
Io non fo scusa. V' ha pur chi le appone
La morte del marito. Il ver non dubbio
È che la destra all' uccisor proferse:
Grave delitto ! Ma commesso in tempi
Agitati, infelici, e nel tumulto
D'una guerra civil. La paurosa
Di prepotenti sudditi assalita,
Si gittò del più forte in fra le braccia,
E chi sà da che male arti sedotta!
Poichè la donna è creatura frale.
　　ELI. Non è frale la donna, Ecoelse, invitte
Alme si danno nel femmineo sesso,
Non comporto parole al mio cospetto
Di femminea fralezza.
　　TAL.　　　　　A te fu scola,
L'avversità. Non ti mostrò la vita
I ridenti colori onde s' infiora.
Tu non vedesti in lontananza un trono,
Mà la tomba à tuoi pè. Nelle deserte
Tenebre d'una torre, Iddio clemente
T' allevo per cammino aspro d' affanni
A più nobile ufficio. Alla meschina
Non sovvenne alcun Dio. Tenera infante
Alle molli fu tratta aure di Francia,
Ivi nella vicenda e nell' ebbrezza,
Di perenni tripudj, a lei non giunse
Dell' odiata verità la voce.

les juges, ils me reconnaissent le droit.
　　TAL. La puissance et le désir ardent ne sont pas une preuve du bon droit. Reine, l'Angleterre ne forme pas l'univers entier : ta volonté, dans ce pays, est l'arbitre suprême ; tu peux en faire à chaque instant l'essai. Dis, proclame que le sang te fait horreur ; que tu ne veux pas verser celui de ta royale sœur. Montre une indignation réelle contre tous ceux qui oseraient soutenir un avis contraire, et soudain tu verras cette affirmation absolue s'évanouir et ce qui était droit devenir injustice flagrante. Seule tu as le pouvoir d'en juger ; et tu ne saurais t'appuyer sur cet avis, frêle roseau qu'agite le moindre souffle. Écoute les conseils de la générosité : Dieu n'a pas mis la rigueur et la cruauté dans le cœur d'une femme. Nul n'ose prendre la défense de Marie, de peur d'exciter ton courroux redoutable: Donc, laisse-moi le soin de défendre cette pauvre abandonnée, à moi, vieillard aux cheveux blancs, et déjà près du tombeau ; à moi, dont les espérances ne sont plus sur la terre. Hélas ! que l'on ne dise pas que dans ton conseil a pu prévaloir l'égoisme et l'esprit de parti ; et que, seule, la pitié n'y a pas eu de voix ! Tout conjure contre elle, ma reine. Tu n'as pas même vu son visage, et rien ne parle dans ton cœur en sa faveur. Je n'excuse pas ses fautes. Quelqu'un lui attribue la mort de son mari. La vérité, c'est qu'elle offrit la main d'épouse à son meurtrier. Sa faute est grave ! mais elle a été commise dans ces temps de troubles, de désordres, dans le tumulte des guerres civiles. La malheureuse, accablée par des sujets trop puissants, s'est jetée dans les bras du plus fort ; et qui sait quelles causes l'ont pu entraîner ? La femme est une créature faible.

　　ÉLI. La femme n'est pas faible. Notre sexe a souvent l'âme grande et forte, et je ne souffre pas qu'on parle devant moi de la fragilité des femmes.

　　TAL. Tu as été élevée à l'école de l'adversité. La vie ne s'est pas montrée sous les riantes couleurs qui la parent. L'avenir ne te montrait pas un trône, mais un tombeau ouvert sous tes pieds. Un Dieu bienveillant te forma, au sein des ténèbres d'une prison, parmi toutes les souffrances, pour la plus noble destinée ; mais la malheureuse a passé son enfance dans le luxe et dans la mollesse à la délicate et voluptueuse cour de France : sa vie s'écoulant dans les fêtes et les danses, n'a jamais été éclairée par la voix austère de la vérité.

ELI. Lester, tu solo ammuti? E chi la lingua
Altrui discioglie, a te l' annoda?

LEL.   Io stommi
Muto per maraviglia, e non comprendo
Come di tanti sogni e di paure
T' assordino l' orecchio i tuoi più fidi.
Meraviglia mi prende, io lo confesso,
Che un' orbata di regno, una rejetta,
Che serbarsi non seppe il picciol trono
Ch' ereditò : fatta ludibrio e scherno
De' suoi vassalli e dalla patria espulsa,
Divenți, prigioniera, il tuo spavento.
È tempo or di paure? È questo il tempo
Di temer la Stuarda? Or che la Francia,
Unico ajuto! l' abbandona e sposa
All' augusto suo figlio Elisabetta?
Lo spegnerla che giova? Ella è già spenta.
La verace sua morte è lo sprezzarla.
Basta che la pietà non la richiami
Ai primi abusi della vita. Il mio
Consiglio è questo. La mortal sentenza,
Che la scema del capo, in piena forza
Sussista. Viva, sì! ma sotto il ferro
Viva del manigoldo; e al primo braccio
Che disnudi un acciaro in sua difesa
Sopra il capo le piombi.

ELI., s' alza e così tutti. I vostri avvisi
O signori ho raccolti, ed al comune
Zelo ringrazio. Col divino ajuto
Che l' intelletto de' monarchi illustra
Farò la scelta del miglior consiglio.

SCENA II.

PAULETO, MORTIMERO, E DETTI.

ELI. a Pauleto che si avanza.
Nobile cavaliero, a noi che rechi?

PAU. Magnanima sovrana! Il mio nipote
Reduce nuovamente al suol natio
Da' suoi lunghi viaggi, a te si prostra,
E la sua fede giovanil ti giura.

MOR. piegando il ginocchio.
Viva molt' anni la regal mia donna,
E di gloria si cinga e di fortuna!

ELI. Alzati. Tu ben giungi in Inghilterra!
Or di'? Che si prepara ai nostri danni
Dai comuni nemici?

MOR.   Un Dio li sperda
E ritorca lo stral che ti lanciâro,
All' infame lor petto.

ELI. lo fissa con occhio scrutatore.
                                Eri incolpato
Di pratiche furtive alle adunanze
Della scola di Remme?

MOR.   È ver : colore
Simulato ne diedi. A tal mi spinse
Di gioyarti il desio!

ELI. a Pauleto che la dà una carta.
                     Che mi presenti?

ELI. Leiscester, tu es muet, seul? Est-ce que ce qui délie la langue des autres enchaîne la tienne?

LEL. Je reste muet de surprise, et je ne comprends pas de quels bruits fantastiques, de quels rêves sinistres on assourdit tes oreilles. Je suis émerveillé, je l'avoue, de voir une reine sans royaume, une exilée, qui n'a pas même su conserver le petit royaume dont elle hérita, qui fut le jouet, la risée de ses vassaux, qui fut chassée de son pays, qui est prisonnière, devenir pour toi un sujet d'épouvante! Est-il temps de trembler? Est-il temps de redouter la Stuart? à présent que la France, son unique appui, l'abandonne, et qu'elle offre un de ses augustes princes pour époux à Élisabeth? A quoi bon la tuer? Elle est morte déjà. Le plus réel trépas qu'on puisse lui infliger, c'est le mépris. Il suffit que ta pitié ne lui fasse pas renouveler ses premières fautes. Mon avis, le voici : que la sentence de mort prononcée contre elle subsiste dans toute sa force; qu'elle vive, oui; mais qu'elle vive sous la hache du bourreau prête à la frapper ; et que cette hache tombe sur sa tête au premier effort qu'on fera pour la délivrer, dès qu'un bras s'armera pour elle!

ELI. se levant. Messieurs, j'ai recueilli vos différents avis et je vous en remercie tous. Avec l'aide divin de celui qui éclaire l'entendement des rois, je choisirai le meilleur conseil.

SCÈNE II.

LES MÊMES, PAULET, MORTIMER.

ELI. à Paulet qui s'avance. Noble chevalier, que me demandez-vous?

PAU. Grande reine, mon neveu, qui revient après de longs voyages dans son pays natal, se prosterne à tes pieds et t'offre son serment de fidélité.

MOR. pliant le genoux. Que Dieu accorde de longs jours à ma souveraine; qu'il la couronne de gloire et de fortune!

ELI. Lève-toi. Tu es le bienvenu en Angleterre. Dis-moi, que préparent contre nous nos ennemis communs?

MOR. Que Dieu les extermine et retourne sur leurs poitrines impies les traits qu'ils ont lancés contre toi!

ELI. le regardant d'un œil scrutateur. Tu étais accusé de visites secrètes aux assemblées de l'école de Reims ; tu étais accusé d'avoir renoncé à ta religion?

MOR. C'est vrai, j'avais pris ce masque dans le dessein de te servir.

ELI., à Paulet qui lui tend un papier. Qu'est-ce? que me donnes-tu?

ACTE II, SCÈNE II.

PAU. Una lettra, o regina, a te diretta
Dalla Stuarda.
*(Elisabetta prende lo scritto e mentre legge
Mortimero e Lester parlano assieme.)*
ELIS.   Volentier declino
Nelle lecite cose a satisfarla.
CEC. *a Pauleto.* Che può mai contenersi in
                                                [quello scritto ?
PAU. Ella chiede in quel foglio alla regina
D' un colloquio il favor.
CEC. *pronto.*   No !
TAL.   Che ragioni
Hai tu per impedirlo? È forse ingiusta
La sua preghiera ?
CEC.   Il prezioso dono
Dell' augusta presenza ella ha perduto
Quando assetò della Regina il sangue.
TAL. Se consolarla Elisabetta amasse,
T' opporresti, o signore, ai pii disegni
Della regia clemenza ?
CEC.   Ella è percossa
Da giudicio mortal. Sotto la scure
Giace il suo capo : nè sarebbe onesto
Che l' oltraggiata maestà vedesse
Il capo a morte sacro.
ELI. *Letta la lettera si asciuga li occhi.*
           Che mistero è mai l' uomo, e le fortune
Di questa terra! A qual superba altezza
Non pervenne costei ? Da che speranze
Baldanzose non mosse ? Al più vetusto
Trono dell' universo era chiamata,
E vagheggiava nell' altera mente
Di tre corone coronar la fronte!
Perdonate, o signori ! Il cor mi scoppia
Mi trafigge l' angoscia, e sanguinosa
L'anima gronda, nel veder caduche
Tutte cose mortali, e la rivolta
Dell' umano infallibile destino
Passar così vicina alla mia fronte !
TAL. Dio commosse il tuo cuore ! Odi pietosa
I celesti suoi moti ! Il grave errore
Gravemente espiato ha l' infelice :
Porgi la mano alla caduta e scendi,
Angelo redentor, nella profonda
Notte del suo sepolcro.

CEC.   Eccelsa donna,
Rimanti invitta ! Non t' illuda un senso
Di laudabil pietà.
LEI.   Non trapassiamo
Il limite, signori, a noi prefisso.
La reina è prudente : e mentre il corso
Al giudizio mortal non si rallenta
Non è degno al gran cor d' Elisabetta
Seguir l' impulso d' un pietoso affetto?
ELI. Ite, o nobili prenci. Alle discordi
Voci della clemenza e del bisogno
Troveremo un accordo. Ovi scostate. *(Tutti
partono, meno Mortimer, Elisabetta, dopo
averlo considerato trattentamente, gli dice :)*

PAU. Reine, c'est une lettre que t'adresse
Marie Stuart.
ELI. J'acquiesce volontiers à ses désirs légitimes. *(Pendant qu'elle lit, Mortimer et Leicester se parlent en secret.)*

CÉC., *à Paulet.* Que peut renfermer cette lettre ?
PAU. Elle demande à la reine la faveur d'un entretien.
CÉC., *vivement.* Non !
PAU. Quel motif as-tu pour l'empêcher ? Est ce que sa prière est injuste?

CÉC. Elle a perdu la faveur précieuse de la présence de notre reine en se montrant altérée de son sang.
TAL. Si Elisabeth voulait bien la consoler, t'opposerais-tu, Cécil, aux effets de la clémence royale?
CÉC. Elle est sous le coup d'une sentence de mort. La hache menace sa tête ; il ne conviendrait pas à la majestée sacrée de notre reine de se commettre avec une tête dévouée à la mort. Ce serait atténuer la condamnation.
ELI., *s'essuyant les yeux, après avoir lu.* Quelle étrange chose que l'homme et sa destinée en ce monde! A quelle hauteur s'élevat-elle ! quel fut son orgueil et son ambition? Elevée sur le trône le plus antique du monde, elle rêva, dans sa pensée altière, de ceindre son front d'une triple couronne ! Combien sa parole, ses actes sont changés, depuis qu'elle aborda en Angleterre ! qu'elle est différente du jour où elle se faisait saluer reine d'Écosse, de France et d'Angleterre ! Pardonnez-moi, messieurs. Je sens mon cœur défaillir, l'angoisse me déchirer, mon âme se couvrir d'une ombre sanglante, envoyant cette chute effroyable des projets humains, et cette colère de la destinée qui passe si près de mon front !
TAL. Dieu lui-même t'inspire cette émotion ! Écoute sa voix céleste ! L'infortunée a bien assez expié ses erreurs : tends-lui la main, dans sa chute, et descends, comme un ange rédempteur, dans la profonde nuit de son tombeau !

CÉC. Grande reine, demeure invincible ! Ne te laisse pas égarer par une pitié trop généreuse !
LEI. Nous sortons, messieurs, des bornes qui nous sont imposées. La reine est prudente, et, quoique la sentence mortelle suive son cours, n'est-il pas digne du grand cœur d'Elisabeth de céder à la voix de la miséricorde?
ELI. Allez, nobles seigneurs. Nous trouverons un moyen de concilier les exigences diverses de la compassion et de la nécessité. Qu'on se retire ! *(Ils partent.)* Demeure, Mortimer. *(Elle le regarde attentivement.)* Tu as

Mortimero trattienti. Hai palesato
Nell' aprile delli anni un' assoluta
Signoria di te stesso. Il tuo destino
A gran cose ti chiama : io lo predico ;
E questo lieto vaticinio io stessa
Posso avverarti.

MOR. Il braccio mio, me tutto
Consacro, inclita donna, a cenni tuoi.

ELI. I nemici del regno hai conosciuti,
Eterno è l' odio che m' han posto. Eterne
Le congiure di sangue. Iddio m' ha salva
Dalli iniqui finor : ma la corona
Sempre vacillerà sulla mia fronte
Sin che vive colei che di pretesti
I malvagi fornisce e ne commove
Il fanatico zelo e le speranze.

MOR. Un tuo cenno la spegne.

ELI. Ah Mortimero !
Pronunciato è il giudizio ; or che mi giova ?
L' eseguirlo è la somma, e dal mio labbro
Deve il cenno partir. Il peggio è questo !

MOR. D' una trista apparenza a te che monta,
Quando buona è la causa ?

ELI. Oh mal conosci
I giudizi del mondo ! Ognun decide
Dell' estrinseche forme e nell' interno
Occhio non mira. Col mio dritto è vano
Convincere le menti. Io debbo adunque
Procacciar che rimanga un dubbio eterno.

MOR. *cercando spiarne la mente.*
Dunque il meglio sarebbe...

ELI. *pronta.* Ah sì ! sarebbe
Il partito più saggio... il mio buon genio
Parla dai labbri tuoi ! Segui, finisci !...
Tu percuoti nel segno ! Oh ben diverso
Dal tuo congiunto...

MOR. *sorpreso.* Il tuo pensier gli apristi ?

ELI. Duolmi che il feci !

MOR. Ai vecchi anni perdona
Che lo fanno guardingo. A queste imprese
Vuolsi l' ardente giovanil coraggio.

ELI. Osar potrei...

MOR. Ti presterò la mano ;
Tu salva il nome come puoi...

ELI. Se desta
Da te fossi un mattin colla novella :
In questa notte la Stuarda è morta !...

MOR. In me secura ti riposa.

ELI. E quando
Dormirò più tranquilla i sonni miei ?

MOR. La nuova luna ai tuo timor dà fine.

ELI. Addio, signore. Non ti sia molesto
Che il grato animo mio ti si palesi
Nel vel delle tenebre. Il silenzio
È il nume dei felici, e nel mistero
I più tenaci e cari nodi ordisce.

(Via.)

montré au printemps de ta vie un empire absolu sur toi-même. Le destin t'appelle à de grandes choses ! O je te le prédis, et je puis moi-même confirmer cet heureux augure.

MOR. Grande reine, mon bras, ma vie entière sont consacrés à ton service.

ELI. Tu connais les ennemis du royaume, et la haine implacable qu'ils m'ont vouée. Tu sais leur éternelle soif de sang, leurs complots dont, jusqu'à ce jour, Dieu m'a garantie. Mais la couronne tremblera toujours à mon front, tant que vivra celle qui donne un prétexte aux mécontents, qui anime leurs espérances et leur zèle fanatique.

MOR. Un mot suffit pour t'en délivrer.

ELI. Ah ! Mortimer, l'arrêt est prononcé, mais à quoi bon ? L'exécuter est tout, et l'ordre doit sortir de mes lèvres. L'odieux de cet ordre me ravit tout, et je ne puis sauver les apparences. Voilà le pis !

MOR. Pourquoi te préoccuper des apparences, lorsque ta cause est bonne ?

ELI. Que tu connais peu l'opinion du monde ! Chacun juge d'après l'extérieur, sans chercher à pénétrer au fond des choses. En vain j'essaierais de convaincre les esprits de la bonté de ma cause ; je dois donc agir de telle sorte que l'on doute toujours si j'ai participé en rien à sa mort !

MOR., *cherchant à deviner.* Ainsi le mieux serait...

ELI., *vivement.* Oui ! ce serait le parti le plus sage !... Mon bon génie parle par ta bouche ! Va ! Achève ! Tu me devines, ce n'est pas comme ton parent...

MOR. *surpris.* Tu lui as dévoilé ta pensée !

ELI. Je le regrette !

MOR. Pardonne à sa vieillesse, elle le rend circonspect. De pareilles entreprises veulent l'audace de mon âge.

ELI. Pourrais-je oser...

MOR. Je t'offre mon bras : tu prendras soin de ma gloire.

ELI. Oh ! si tu venais un matin avec cette nouvelle : Marie Stuart est morte cette nuit !

MOR. Repose-toi sur moi.

ELI. Et quand mon sommeil sera-t-il plus tranquille ?

MOR. La lune nouvelle verra la fin de tes frayeurs.

ELI. Adieu, Mortimer. Ne sois pas fâché que ma reconnaissance reste silencieuse et enveloppée de ténèbres. Le silence est le dieu des heureux, et c'est dans le mystère que naît et s'accroît le bonheur. *(Elle sort.)*

SCENA III.

MORTIMERO, solo.

Mor. Vanne, bugiarda, ipocrita, tiranna!
Come tu il mondo inganno io te! Pietosa
Opra è il tradirti! La mia fronte, iniqua,
È fronte di sicario? Vi leggesti
Così pronto il delitto? Oh, ti riposa
Sul mio braccio, perversa, e il tuo disarma!
Copriti al mondo pur coll' onorato
Velo della pietà, chè mentre affidi
Nel segreto pugnal d' un assassino,
Più largo spazio a liberarla avremo.

SCENA IV.

LEICESTER E DETTO.

Lei. Non avevi da solo a favellarmi?
Mor. Dammi tu prima sicurezza intera
Ch' io possa osarlo?
Lei. Chi di te m' accerta?
Perdona il diffidar: ma due sembianti
Contrari troppo in questa reggia assunti,
L' un d' essi è certo menzognero; or quale
Il verace sarà?
Mor. Tu pure, o conte,
In due volti mi apparì?
Lei. Or chi di noi
Lascia primiero il simulato aspetto?
Mor. Chi menò arrischia.
Lei. Tu se' quello adunque?
Se tu precedi io seguirò!
(Porgendogli la lettera di Maria.)
Mor. Maria
Questo foglio ti manda.
Lei. (Sbigottisce e prende rapidamente il foglio.) Oh, più sommesso
Favella... Che vegg' io?... La propria effigie!
(La bacia contemplandola con muto entusiasmo.)
Mor. (Lo guarda attentamente mentre legge.)
Conte, or ti credo!
Lei. (Dopo letto rapidamente la lettera.)
Ti saran palesi
I concetti del foglio?
Mor. Io tutto ignoro!
Lei. Lietamente, o signore, io m' abbandono
Nel seno d' un fedel, quando m' è dato
Dalla gravosa finzion sottrarmi.
Attonito ti rende il mio repente
Cangiar d' affetti per Maria. Ti giuro
Che in odio io mai non l' ebbi, è non mi fece
Che l' impero dei tempi a lei nemico.
Molt' anni, lo rammenta, anzi che sposa
Ella fosse d' Arrigo, allor che tutte
In rosea luce le ridean le cose,
Destinata mi venne. L' ambizion m' avea
Agli anni dell' amore, alla bellezza
Fatto selvaggio, e di Maria la destra
Troppo misera cosa allor mi parve.
La mia folle speranza era conversa

SCÈNE III.

MORTIMER, seul.

Va, perfide, tyrannique et lâche souveraine!
Tu trompes l'univers; moi, je te trompe!
C'est une chose noble que de te trahir! Ai-je
donc, infâme, le visage d'un assassin! Tu a
pu y lire si vite le crime! Va! compte sur mon
bras, criminelle, et désarme le tien! Montre-
toi aux yeux du monde couverte d'un voile de
pitié, tandis que tu aiguises dans l'ombre le
fer d'un meurtrier! nous aurons plus de temps
et de facilités pour la délivrer!

SCÈNE IV.

LEICESTER, MORTIMER.

Lei. Ne voulais-tu pas me parler en secret?
Mon. Donne-moi d'abord une preuve cer-
taine que je puis te parler en sûreté.
Lei. Qui m'assure de toi? Pardonne-moi ma
défiance: mais tu te montres dans cette cour
avec deux visages; l'un d'eux est certaine-
ment trompeur: lequel est le vrai?
Mor. Toi aussi, comte, tu me montres deux
visages!
Lei. Lequel des deux doit-il se dépouiller le
premier de son masque?
Mor. Celui qui risque le moins.
Lei. C'est donc toi? Commence, et je t'imi-
terai.
Mor., lui donnant la lettre de Marie. Marie
t'envoie cette lettre.
Lei. étonné, prend rapidement le papier.
Oh! parle! parle! Que vois-je? son portrait!
(Il l'embrasse et le regarde avec émotion.)
Mor., l'ayant considéré avec attention.
Comte, à présent je te crois.
Lei., après avoir lu rapidement la lettre.
Tu dois connaître le contenu de cette lettre?
Mor. J'ignore tout.
Lei. Je suis heureux, chevalier, de pouvoir
me livrer à un ami fidèle, quand il m'est per-
mis de renoncer à ma longue dissimulation.
Je te vois étonné de mon changement soudain
de sentiments à l'égard de Marie. Jamais, je
te le jure, je n'eus de haine contre elle, et le
concours fâcheux des circonstances m'a seul
rendu son ennemi. Il y a longtemps, rappelle-
toi, avant qu'elle épousât Henri, lorsque tout
souriait à ses yeux, sa main me fut destinée.
L'ambition alors me rendait insensible aux
charmes de l'amour et de la beauté; je trou-
vais Marie trop peu de chose pour moi, et j'as-
pirais follement à un mariage avec la rei n
d'Angleterre.

Alla regina d'Inghilterra.
MOR.   È noto
Che tu n' eri fra tutti il prediletto.
LEI. Mi credono felice !
                Oh se le genti
Sapessero, signor, per quai catene,
Vengo invidiato. Or dopo dieci
Anni, ch' io m' offro all' idolo crudele
Della sua vanità ch' io mi sommetto
Al perpetuo ondeggiar de' suoi capricci,
Fatto gioco servil d'una bizzarra,
Tirannica protervia : ora blandito
Dalla sua tenerezza : or ributtato
Con acerba menzogna, e dall' affetto
Tormentato non men che dal rigore;
Come un prigion dai cento occhi guardato
Dalla sua gelosia : come un fanciullo
Stretto a turpi discolpe, e vilipeso
Più d'uno schiavo !... ah, non ha voce il
Per questo inferno.   [labbro
MOR.   Ti compiango, o conte !
LEI. L' immago di Maria mi si presenta
In tutto il raggio della sua bellezza :
L' amor, la gioventù, la leggiadria
Reprisero i suoi dritti : e in questo foglio
M'assicura cortese il suo perdono.
MOR. Nulla intrapreso tu non hai per questo:
Lasciasti proferir la sua condanna,
E vi hai posto il tuo voto. Era bisogno
D'un prodigio di Dio !
LEI.   Quante, o signore
Quante angosce io sostenni ! Ella fu tratta
Dal Castello di Talbo a Forteringa
È commessa per colmo alla custodia
Del tuo rigido zio. Tutte mi furo
Le vie precluse e fingermi convenne
In faccia ai sospettosi occhi del mondo
Il nemico di pria : ma ch' io potessi
Inerte abbandonarla alla mannaia
No, non pensarlo ! Lo sperai, lo spero
D' impedir questo eccesso, infin che un varco
A salvarla mi s' apra.
MOR.   Il varco è aperto.
Conte, la tua magnanima fiducia
Merta fiducia. Liberarla io voglio
A questo qui me vedi. Il gran disegno
È già maturo e il tuo possente aiuto
Ne sicura l' evento.
LEI.   Oh che mi narri !
Io raccapriccio ! tu vorresti...
MOR.   A forza
Involaria al suo carcere, Compagni
Ho nell' opra, e già tutto...
LEI.   Hai tu compagni ?...
Me lasso ! In qual voragine mi spingi !...
E seppero costoro il mio segreto ?...
MOR. Non ti punga timor. La giusta impresa
Senza te fu condotta; e già sarebbe
Senza te consumata, ove Maria
Riferir non volesse al tuo soccorso
Vita e salvezza.

MOR. On sait qu'elle t'a choisi entre tous.

LEI. On me croit heureux. Oh ! si l'on savait le poids de ces chaînes que l'univers envie ! Depuis dix années que je m'offre comme victime à l'idole cruelle de son orgueil, depuis que je me soumets aux perpétuelles fluctuations de ses caprices, je suis le misérable jouet d'une femme fantasque et tyrannique : tantôt caressé par sa tendresse, tantôt repoussé avec une amère fierté et aussi malheureux de ses caresses que de ses rigueurs ; gardé par sa jalousie comme dans une prison, sous la surveillance de cent yeux de lynx, condamné à des reproches, à des excuses, comme un enfant : méprisé plus qu'un esclave... Ah ! il n'y a pas d'expressions pour un pareil enfer !

MOR. Comte, je te plains.

LEI. L'image de Marie m'apparaît dans tout l'éclat de sa beauté, l'amour, la jeunesse, la grâce reprennent leur empire ; et cette lettre courtoise m'assure de son pardon.

MOR. Tu n'as rien entrepris encore en sa faveur. Tu as laissé prononcer la sentence fatale, tu l'as appuyée de ta voix, et il n'a rien fallu moins qu'un prodige du ciel...

LEI. Quelles angoisses, ami, ai-je supportées ! Elle a été enlevée du château de Talbot, et remise, pour comble d'infortune, à la garde impitoyable de ton oncle. Tout accès auprès d'elle me fut interdit ; je fus contraint de reprendre, aux yeux du monde, l'apparence de son ennemi acharné. Mais l'abandonner sans défense au bourreau : non ! je n'y ai jamais pensé ! J'espérais, j'espère encore empêcher cette extrémité, jusqu'à ce qu'un moyen de la sauver se présente enfin.

MOR. Il s'est présenté, comte. Ta magnanime confiance appelle la mienne. Je veux la délivrer, et c'est ce qui m'amène. Mon plan est formé : ton appui sera pour moi une aide puissante.

LEI. Que dis-tu ? Je frissonne... tu voudrais ?...

MOR. Je veux l'arracher par force à sa prison. J'ai des compagnons pour cette entreprise, et déjà...

LEI. Tu as des compagnons ! malheur ! Dans quel gouffre tu me plonges ! Connaissent-ils mon secret ?

MOR. N'aie aucune frayeur ! Sans toi cette juste entreprise a été conduite : sans toi elle serait déjà accomplie, si Marie n'eût préféré te devoir son salut.

ACTE II, SCENE III.

LEI. In nominato adunque
Son io nella congiura?
MOR. Innominato,
Renditi certo. Ma perchè sospeso,
Perchè trepido tanto odi l' avviso
Che ti reca un' ajuto? È tuo pensiero
Liberar la regina e possederla;
Ritrovi degli amici, inopinati,
Inattesi, ti piovono dal cielo
I più subiti mezzi, e più turbato
Che sereno ti mostri?
LEI. A tanta impresa
Inutile è la forza, e periglioso
Troppo il cimento.
MOR. L' indugiar non meno.
LEI. Il tuo coraggio
È stolta audacia!
MOR. Ma la tua prudenza
Non è valor!
LEI. Ma se noi periamo,
Ella père con noi.
MOR. Pur non si franca
Colla nostra salvezza.
LEI. Oh tu non vedi,
Tu non odi consigli, e m' attraversi
Una via ben comincia.
MOR. E di qual via
Osi tu favellar? Che mai facesti
A favor di Maria? Ma s' io mi fossi
Tanto perverso da svenarla al cenno
Della cruda tiranna obbediente,
Come in quest' ora dal mio braccio aspetta,
Per qual via, mi rispondi, alla sua vita
Ti faresti difesa?
LEI., *sorpreso.* Elisabetta
Questo cenno ti diè'?
MOR. La scellerata
In me s' illuse, come in te Maria.
LEI. N' impegnasti la fede?
MOR. Io l' impegnai
Affinchè non ricorra alle venali
Braccia d' un assassino.
LEI. Ottimo avviso!
Ciò daranne grand' agio. Ella s'acqueta
Sulla tua fede : ineseguita intanto
La sentenza rimane, e noi più tempo
Al consiglio acquistiam.
MOR. Noi lo perdiamo.
LEI. Forse che per ingegno io la conduco
A veder la rivale, e questo passo
Le disarma la mano fratricida.
MOR. E che prò n' otterrem, quando delusa
La tiranna si vegga, e tuttavia
La sua vittima viva? Oh non per questo
Si mutano le cose! Se d' un' audace
Opra t' è d' uopo a consumar l' impresa,
Che non muovi da questa? Hai pur la forza
Nelle tue mani : aduna, arma i vassalli
De' tuoi cento castelli, ed un intero
Esercito vedrai. Quantunque ascosi,
Molti amici ha Maria. Via la menzogna!

LEI. Ainsi mon nom n'a pas été prononcé
dans la conjuration?
MOR. Non, sois en sûr! mais pourquoi tant
d'incertitude et d'effroi à cet avis qui t'annonce un secours? Tu veux délivrer la reine
et la posséder : tu trouves à l'improviste des
amis, il te tombe du ciel les secours les plus
inattendus et les plus prompts, et tu montres
plus d'effroi que de satisfaction?

LEI. La force est inutile pour une telle entreprise, et la témérité offre trop de danger.

MOR. L'hésitation en offre autant.
LEI. Ton courage est une audace insensée.

MOR. Ta prudence n'est pas du courage.

LEI. Si nous mourons, elle meurt avec nous.
MOR. Notre salut n'assure pas le sien.

LEI. Tu ne veux ni examiner, ni écouter
mes avis. Ton ardeur aveugle remplit d'obstacles la voie que j'avais aplanie.
MOR. Quelle voie oses-tu dire? qu'as-tu jamais fait en faveur de Marie? Si j'avais été
assez cruel pour l'assassiner d'après les ordres
de la barbare reine, qui attend que mon bras
comette ce crime, dis-moi, comment aurais-tu
défendu sa vie?

LEI., *surpris.* Elisabeth t'a-t-elle donné un
pareil ordre?
MOR. La cruelle s'est trompée sur moi comme
Marie sur toi.
LEI. Lui as-tu engagé ta foi?
MOR. Oui, afin qu'elle n'armât pas un assassin payé!

LEI. A merveille! cela nous assure un grand
loisir. Elle se repose sur ta promesse : l'arrêt demeure sans effet, et nous avons le temps
de prendre une détermination.

MOR. Ce temps, nous le perdons!
LEI. Peut-être arriverai-je à l'amener à une
entrevue avec sa rivale, et cette démarche
pourra la désarmer.
MOR. Qu'en obtiendrons-nous, quand cette
reine tyrannique se verra trompée et verra sa
victime encore en vie? On ne change pas ainsi
les choses décidées! Si tu as besoin, pour ton
entreprise, du concours de quelques braves,
pourquoi n'acceptes-tu pas le nôtre? La force
est en tes mains : réunis, arme les vassaux de
tes cent châteaux, et tu verras une armée entière. Marie a bien des amis encore, quoiqu'ils
se cachent. Loin l'infâme mensonge! Comme

Come un egregio cavalier difendi
La donna del tuo core, e ne combatti
Nobilmente i nemici. Elisabetta,
Sempre che tu lo voglia, è in tua possanza :
Allettala con arte ai tuoi castelli;
Già le vie ne conosce. Ivi palesa
Una maschia fermezza. Usa parole
D' assoluto signor : nè il grande ostaggio
Dalle mani ti sfugga, anzi che sciolte
Non abbia le catene alla rivale.
 LEI. Rabbrividir mi fai! Dove ti tragge
Il tuo cieco delirio?... Oh, non conosci
Tu questo suol? Le cupe arti non sai
Di questa reggia? E come tutti ha vinti
Questa femminea tirannia li spirti?
Invan tu cerchi le virtù guerriere
Che infiammavano un tempo i petti inglesi :
Tutto or si prostra d' una donna al cenno,
E tarpate le penne ha l' ardimento.
Il consiglio ti giovi. Inavveduto
Non ti porre, a cimenti... alcun s' appressa...
Vanne!
 MOR. Ella spera! Che recar le debbo?
Inutili parole?
 LEI. I giuramenti
Dell' eterno amor mio!
 MOR. Questi li reca,
Tu medesmo, o signore! Io mi profersi
Come strumento della sua salvezza
Non come vile messaggier d' amore. (*Parte.*)
(*Leicester fa un' azione ed esce da parte opposta. — Cala il sipario.*)

un vaillant chevalier, défends la dame de ton
cœur et combats bravement ses ennemis.
Pourvu que tu le veuilles, Elisabeth est en
ton pouvoir : attire-la adroitement à un de
tes châteaux; elle en sait le chemin. Là, montre-lui une mâle fermeté : emploie le langage
d'un maître impérieux, et conserve entre tes
mains cet ôtage tant que les chaînes de sa rivale ne seront pas tombées!
 LEI. Tu me fais frissonner! Où t'entraîne
un aveugle délire? Tu ne connais pas ce pays!
tu ignores les artifices en usage à cette cour!
Tu ne sais pas l'empire tyrannique de cette
femme sur tous les esprits. En vain tu cherches l'ardeur guerrière qui enflammait jadis
tous les cœurs anglais : tout se prosterne aujourd'hui à la voix d'une femme, et notre antique valeur a replié ses ailes. Écoute mon conseil, et ne fais rien à la légère... Quelqu'un
s'approche... va-t'en !...
 MOR. Elle m'attend! Que dois-je lui transmettre? D'inutiles paroles?
 LEI. Transmets-lui le serment de mon
amour éternel!
 MOR. Ce soin te regarde. Je suis venu à toi
comme un instrument de son salut, et non
comme un messager d'amour. (*Il sort.*)

ACTE TROISIÈME.

Le parc de Fortheringay.

SCENA PRIMA.

MARIA ED ANNA (*uscendo in fretta*).

AN. Tu corri come avessi ali alle piante.

MAR. Lascia ch' io mi ricrei di questa nuova
Libertà! Ch' io diventi
Un 'allegra fanciulla, e tu m'imita!
Lascia che le veloci orme fuggenti
Eserciiando io mova
Per la molle de' prati erba fiorita.
Son' io dall' ombre uscita
Dell' antica prigion? Nè la profonda
Fossa del mio dolor più mi circonda !
Oh, ch' io disseti l'affannata lena
Nell' aperta de' cieli aura serena!
O verdi amiche piante, io vi ringrazio !
Voi mi copriste colla fronde oscura
Le dolorose mura
Del mio carcere orrendo! Io vo sognarmi
E libera e beata :
Perchè la dolce illusion rubarmi ?
L'interminato spazio
Del ciel non mi si gira
Lietissimo d'intorno? E la veduta
Da vincoli disciolta e da' ritegni
Per lo spazio del ciel non va perduta ?
Colà dove s'inalza, e si dilata
Il ceruleo vapor della montagna
Confinano i miei regni :
E quelle nubi che il meriggio attira ;
Cercano l'ocean che Francia bagna.
O nugolette rapide e leggere
Peregrine dell' aria ! Oh potess' io
Con voi venirne per lo cielo a volo !
Salutate cortesi in nome mio
Il benedetto suolo
Della mia prima gioventù felice !
Io son prigione, io son posta in catene,
E non ho voi sole a messaggere!
L'immense aure serene
Voi libere scorrete,
Ne di questa inumana usurpatrice
Sotto la cruda tirannia gemete.
(*Suono di corno*.)

SCENA II.

PAULETO E DETTI.

PAU. Non merto finalmente una mercede
Dalle grate tue labbra ?
MAR. Hai tu sapo
Tanto ottenermi ?
PAU. Perchè no? condotto

SCÈNE PREMIÈRE.

MARIE, ANNA. (*Marie sort en courant du bois. Anna la suit plus lentement.*)

ANN. Tu cours comme si tu avais des ailes aux pieds.
MAR. Laisse, laisse-moi jouir de cette liberté nouvelle. Puissé-je redevenir une joyeuse jeune fille, et toi m'imiter! Laisse-moi marquer en courant de légères empreintes sur l'herbe douce de ces prés fleuris. Je suis sortie des ténèbres de ma longue captivité... j'ai cessé d'être entourée de ce cercle douloureux qui m'étreignait... laisse-moi exhaler mon souffle haletant et le mêler à l'air serein et bienfaisant des cieux ! Plantes verdoyantes, mes amies, merci ! votre épais ombrage dérobe à ma vue les murs de ma prison, de mon horrible cachot ! Je vais me croire libre et heureuse! Pourquoi me ravir cette douce illusion ? est-ce qu'autour de moi ne se déroule pas l'horizon sans limites? est-ce que, dans cet espace immense, ma vue rencontre encore des chaînes ou des barrières? Là, où s'élèvent les vapeurs nuages, au-dessus des montagnes, là sont les bornes de mes Etats, et ces légers brouillards qui courent vers le midi cherchent l'Océan qui baigne les rives de France ! O nuées rapides et légères, pèlerines qui voyagez dans l'air; oh ! puissé-je m'envoler avec vous vers les cieux ! Saluez pour moi la douce terre hospitalière où s'écoulèrent les premières joyeuses années de ma vie ! Je suis captive, je suis dans les fers, et je n'ai d'autres messagers que vous, Libres, vous parcourez l'immensité des cieux paisibles, et vous ne gémissez pas, vous autres, sous la tyrannie de cette cruelle usurpatrice! (*Son de cor.*)

SCÈNE II.

LES PRÉCÉDENTS, PAULET.

PAU. Enfin n'ai-je pas mérité un remercîment de tes lèvres reconnaissantes?
MAR. Est-ce toi qui m'as obtenu une telle faveur?
PAU. Pourquoi non? Je suis allé trouver la

Alla reggia mi sono, e consegnai
Fedelmente il tuo foglio.
MAR. Hai tu ciò fatto?
E l'inattesa libertà ch' io godo
È frutto del mio foglio?
PAU., *misterioso*. E non il solo :
Un più grande n'attendi.
MAR. Oh che vuoi dirmi,
Signor con questo?
PAU. Non udisti un suono
Di caccia?
MAR., *atterrita*. Io raccapriccio !
PAU. Elisabetta
Scorre nel parco.
MAR. Che di tu?
PAU. Fra poco
Ella innanzi ti sta.
MAR. Perchè non mi hanno
Predisposta al vederla ! Or non lo sono !
Mi vacilla il coraggio, e quel ch' io sempre
Come il sommo implorai d'ogni favore,
Orribile mi sembra !... Anna, mi guida
Nel mio carcere interno ; ivi mi voglio
Raccogliere...
PAU. Rimanti. In questo loco
Attendere la dèi. Ben ti spaventa,
Ben t'affligge, o signora, il far l'incontro
Della giudice tua.

SCENA III.
TALBO E DETTI.

MAR. No ! non per questo !
Ben altro in petto mi si volge ! O Talbo !
Un angelo del cielo a me ti guida !
Io non posso vederla ! Ah, tu mi salva
Dalla vista abborrita !
TAL. In te rientra :
Raccogli il tuo valor. Questo è il momento
Da cui tutto dipende.
MAR. Io stessa, o Talbo
L'ho sospirato ! I lunghi anni disposta
Mi vi sono, e nel core, e nella mente
Ho cercata, ho scolpita ogni parola
Che piegarla potesse, intenerirla !
Tutto in quest' ora è cancellato e spento :
Nè vive in me che il sovvenir crudele
Delle ingiuste mie pene ! Un' efferrata
Rabbia il cor mi divora, e lo solleva
Contra costei. Mi sfuggono in un punto
Tutti i buoni pensieri, e le infernali
Furie, agitando le viperee chiome,
Sole al fianco mi stanno.
TAL. Il tuo fremente
Animo acqueta, l'amarezza estingui
Che ti sorge dal petto. Iniqui frutti
Germogliano, o regina, ove coll' odio
L'odio si scontri. Inchinati, obbedisci
Alla legge del tempo e dell' istante.
Essa è la forte : a lei t'umilia !
MAR. A lei ?...
TAL. N'ol posso ! Tu lo dèi ! Parla dimessa,

reine et je lui ai fidèlement remis ta lettre.
MAR. Tu as fait cela ? Et la liberté inespérée
dont je jouis est le fruit de cette démarche ?
PAU., *avec mystère*. Ce n'est pas le seul.
Attends-en un autre plus grand.
MAR. Oh ! que veux-tu me dire par ces paroles ?
PAU. N'as-tu pas entendu le bruit d'un cor de chasse ?
MAR., *effrayée*. Je frémis.
PAU. Elisabeth vient dans ce parc.
MAR. Que dis-tu ?
PAU. Bientôt elle sera devant toi.
MAR. Pourquoi ne m'a-t-on pas préparée à
sa vue? Je ne suis pas prête !... Le cœur me
manque, et ce que j'avais imploré comme
une faveur me semble horrible !... Anna, reconduis-moi dans ma prison, je veux reprendre mes esprits.
PAU. Arrête ! Tu dois l'attendre ici... C'est
bien de l'effroi, c'est bien de l'affliction que
te cause l'approche de ton juge.

SCÈNE III.
LES PRÉCÉDENTS, TALBOT.

MAR. Non ! ce n'est pas cela ! j'ai bien
d'autres soucis... Talbot, c'est un ange du
ciel qui t'envoie ! Je ne puis la voir !... Préserve-moi de cette entrevue abhorrée !
TAL. Rentre en toi-même et reprends courage. Voici le moment d'où dépend tout.
MAR. Moi-même, Talbot, je l'ai souhaité.
Je m'y suis préparée de longues années, j'ai
gravé dans mon cœur et dans mon esprit
toutes les paroles qui pouvaient le mieux la
fléchir, la toucher. Tout à présent est effacé,
oublié ! je ne sens vivre en moi que le souvenir de mes injustes douleurs. Une fureur
aveugle me dévore et m'enflamme contre elle.
En un instant se sont enfuies les meilleures
pensées, et je sens les furies, qui seules sont
restées en moi, agitant leurs chevelures de
serpents !
TAL. Calme ton cœur frémissant et refoule
l'amertume qui déborde de ton sein. Il ne
peut naître que des fruits d'iniquité, ô reine,
lorsque la haine se heurte contre la haine. Incline-toi : obéis aux exigences du temps et
de la circonstance. La force lui appartient,
tu dois t'humilier devant elle !
MAR. Devant elle ? je ne le puis !
TAL. Tu le dois. Parle avec modestie et

ACTE III, SCÈNE IV.

Parla pacata : la grandezza invoca
Del suo cor generoso : e non vantarle
La ragion de' tuoi dritti ! Or non n'è il tempo.
　MAR. Io medesma implorai la mia sventura
Ed esaudita per mio mal ne sono.
Ah noi non dovevamo unqua vederci !
Nessun utile, o Talbo, io ne presento.
Pria s'uniranno in vincolo d'amore
Il fuoco e l'acqua, e il mansueto aguello
La tigre bacierà ! Troppo io soffersi,
Ella troppo m'offese. Alcuna pace
Non si chiude fra noi.
　TAL.　　　　　Deh tu ne mira
Prima i sembianti ! Io pur la vidi io stesso
Al tuo foglio commossa. Erano in pianto
La sue pupille. Alla pietà straniero
Non è certo il suo cuore. In lei riponi
Più sincera fidanza. Io m'affrettai
Per disporti al vederla ed ammonirti.
　MAR., *gli prende la mano*. Tu sei pur sempre
　　　　　　　　　　　[il mio fedele amico !
Oh foss' io nella tua mite custodia
Sempre, o Talbo, rimasta ! Han di me fatto
Ben crudele governo!
　TAL.　　　　Un vel distendi
Sulle cose che furo. In tal momento
Non ti tocchi altra cura, altro pensiero
Che d'accogliere umile Elisabetta.
　MAR. E con essa Cecilio : il mio maligno
Spirto persecutor ?
　TAL.　　　Non l'accompagna
Che Lester.
　MAR.　　Lester !...
　TAL.　　　　　Non temerlo. Il conte
Credimi, non desia la tua caduta
Il favor che t'accorda Elisabetta
È tutt' opra di lui.
　MAR.　　　　Ben lo sapea.
　TAL. Che vuoi dirmi con ciò ?
　PAU., *che era al fondo*. Vien la regina.
(*Tutti si ritirano indietro. — Maria sola resta in mezzo appoggiata ad Anna.*)

SCENA IV.

ELISABETTA, LESTER, *Graddi, Guardie.*

　ELI, *a Lester*. Che loco è questo ?
　LEI.　　　　　　　　Forteringa.
　ELI, *a Talbo*.　　　　　　　Invia
A Londra i cacciatori. È' troppo ingombro
Di popolo il cammino : in questo parco
Noi cerchiamo un asilo. I miei Britanni
M'amano troppo. Il pubblico tripudio,
È smoderata idolatria ! S'onora
Un celeste così non un mortale.
(*Fissando Maria segue a parlare con Pauleto. Talbò manda via il seguito.*)
　MAR., *che per tutto il tempo fu mezza svenuta, appoggiata ad Anna, leva li occhie kincontra con quelli di Elisabetta.*
Oh Dio ! da quel sembiante il cor non parla.
　ELI. Che femmina è colei ? (*Silenzio generale*)

calme : invoque la générosité de son cœur, et n'essaie pas de faire valoir tes droits ! Il n'en est pas temps !
　MAR. Moi-même j'allais au devant de mon malheur, et je suis, hélas ! arrivée au but ! Ah ! nous n'aurions jamais dû nous voir : rien de bon, Talbot, ne peut en résulter. Les liens de l'amour et de la sympathie uniraient plutôt le feu avec l'eau, et l'agneau avec le tigre féroce ! J'ai trop souffert ! j'ai trop été offensée ! Nulle paix ne peut se conclure entre nous.

　TAL. Ah ! sauve au moins les apparences ! Je l'ai vue, moi-même, émue en lisant ta lettre ! Des pleurs mouillaient ses yeux, et son cœur n'est pas étranger à la pitié. Aie plus de confiance en elle. Je me suis hâté pour te disposer à la voir et pour t'avertir.

　MAR., *lui prenant la main*. Tu es toujours mon ami fidèle. Ah ! si j'étais toujours demeurée, Talbot, sous ta garde clémente ! Ils m'ont bien durement traitée !

　TAL. Etends un voile sur le passé. En ce moment, tu ne dois avoir d'autre souci, d'autre pensée, que d'accueillir Elisabeth avec humilité.
　MAR. Et avec elle se trouve Cécil, le mauvais génie qui me poursuit ?
　TAL. Elle n'a que Leicester avec elle.

　MAR. Leicester ?
　TAL. Ne le crains pas. Le comte, crois-moi, ne désire pas ta perte. Il est le seul auteur de la faveur que t'accorde Elisabeth.

　MAR. Je le savais bien.
　TAL. Que veux-tu dire ?
　PAU. Voici la reine. (*Ils s'éloignent. Marie reste en avant, appuyée sur Anna.*)

SCÈNE IV.

LES MÊMES, ÉLISABETH, LEICESTER, *leur suite.*

　ÉLI., *à Leiscester*. Où sommes-nous ?
　LEI. A Fotheringay.
　ELI., *à Talbot*. Renvoie les chasseurs à Londres. Il y a trop de foule sur notre route ; ce parc me servira d'asile. Mes Anglais m'aiment trop. Ces fêtes, cet accueil idolâtre sont dus à Dieu et non à un roi !

　MAR., *après l'avoir considérée*. Ciel ! ce visage m'apprend qu'elle n'a pas de cœur !

　ELI. Qui est cette femme ? (*Silence général.*)

LEI. Tu sei regina
In Forteringa.
ELI. *finge sorpresa e volge a Lester uno sguardo severo:*
  Chi l'osò?... Ruberto!
LEI. N' ol t' incresca, o reina! e poi che il
  [cielo
Ha qui rivolti i passi tuoi, consenti
Che il tuo gran core e la pietà trionfi.
TAL. Volgi, o donna regal, sull' infelice
Che ti cade dinanzi un pio riguardo.
Maria. Si prova ad accostarsi ad Elisabetta; ma si ferma raccapricciando a mezza via. Tutti i suoi movimenti manifestano un terribile contrasto.
ELI. Come, o signori? Chi di voi mi annunzia
Un' umile sommessa? Io qui non veggo
Ch' una superba, tuttavia non doma
Dalla sventura.
  MAR. Il sia! Vo' sottopormi
All' estrema vergogna. Esci dal petto
O d' un' alma elevata e generosa
Impotente alterezza! Io più non voglio
Rammentarmi chi sono e che soffersi,
Io voglio umiliarmi a chi di tanto
Vitupero mi copre. (*Si volge a Elisabetta.*)
  Iddio, sorella,
Per e decise, et di vittoria ha cinto
Il felice tuocapo. Il nume adoro
  (*S'inginocchia.*)
Che t' inalzò! Ma tu pietosa e grande
Nel trionfo ti mostra, e non lasciarmi
Nell' obbrobrio sepolta. Apri le braccia,
Stendi, clemente, la regal tua destra,
E mi rialza dalla gran caduta.
ELI., *ritirandosi.* Quello, o Stuarda, è il
  [loco tuo: nè cesso
Di levar conoscente al ciel le palme
Che non volle inchinarmi a piedi tuoi
Com' ora nella polve a' miei t' inchina.
MAR., *con affetto crescente.* Pensa alla vece
  [de' terreni eventi,
Veglia un nume lassù vendicatore
Della superbia. Onoralo, o sorella!
Temilo questo Iddio, questo tremendo,
Che m' atterra al tuo piè! O Dio del cielo!
Non farti inaccessibile e spietata
Come scoglio nell' onde a cui s' aggira
Con fiacca lena e con protese braccia
Il naufrago morente, e non l'afferra.
La mia povera vita, il mio destino
Dal mio labbro dipende e dalla forza
Delle lacrime mie! Sciogli mi il core
Dammi ch' io mova, intenerisca il tuo!
(*Azione d'Elisabetta.*)
Se lo sguardo di ghiaccio in me tu volgi,
L' alma mi si chiude, inaridisce
Il dolor sulle ciglia, s'm'incatena
Un freddo raccapriccio ogni preghiera. (*S' alza*)
ELI., *fredda e altera.* Che vuoi dirmi, o
  Maria? Di favellarmi

LEI. Reine, tu es à Fotheringay.
ELI., *avec une colère simulée.* Qui a osé?...
Robert!...
LEI. Ne t'irrite pas, reine! Et puisque le ciel a guidé ici tes pas, laisse la pitié triompher dans ton cœur généreux!
TAL. Reine, jette un regard, un regard de clémence sur l'infortunée qui se prosterne à tes pieds!

ELI. Quoi! messieurs! Lequel de vous me parle d'une femme humble et soumise? Je ne vois qu'une orgueilleuse, que le malheur n'a pu dompter.
MAR. Soit! je me résigne à cet excès de honte! Mon âme renonce à une fierté généreuse, mais inutile! Je ne veux plus me rappeler qui je suis et ce que j'ai souffert, je veux m'humilier devant celle qui m'a ainsi couverte de honte (*A Elisabeth.*) Dieu, ma sœur, a fait pencher en ta faveur la balance et a couronné ta tête fortunée... Je bénis le Dieu qui t'a rendu si puissante (*Elle s'agenouille.*) Montre-toi aussi clémente que grande dans le triomphe, et ne me laisse pas ensevelie dans la honte! Ouvre tes bras; tends-moi avec bonté ta main royale! relève-moi de ma chute profonde!

ELI., *s'éloignant.* C'est là ta place, lady Stuart; et je ne cesse d'élever mes mains reconnaissantes au ciel, qui n'a pas voulu m'abaisser devant toi, comme te voilà prosternée dans la poudre à mes pieds.
MAR. Pense aux vicissitudes humaines! Là-haut veille un Dieu qui châtie l'orgueil. Honore, ma sœur, ce Dieu, ce Dieu terrible, qui m'humilie à tes pieds. — O Dieu du ciel ne te montre pas insensible et impitoyable comme l'écueil où aborde, sans haleine, éperdu, les bras épuisés, un naufragé mourant, et où il ne peut s'arrêter! Ma triste vie, ma destinée dépendent de mes paroles et du pouvoir de mes larmes! Amollis mon cœur, permets qu'il t'émeuve et qu'il touche le tien! Si tes regards glacés s'arrêtent sur moi, mon cœur se ferme, ma douleur dessèche mes paupières, et un frisson glacial enchaîne la prière sur mes lèvres.

ELI. Que veux-tu me dire, Marie? Tu demandais à me parler. J'oublie que je suis

ACTE III, SCÈNE IV.

Hai tu richiesto. La sovrana oblìo,
Oblìo l'offesa, e l' umile adempiendo
Offlcio di congiunta, io ti conforto
Di mia regia presenza. Un generoso
Sentimento io secondo, e nel mertato
Biasimo incorro d'abbassarmi a troppo.
Obliar già non puoi che minacciati
Hai di morte i miei giorni.
  MAR.   Onde poss' io
Movere la favella, e collocarne
In modo sì felice ogni parola
Che penetri il tuo cor senza irritarlo?
Avvalora il mio labbro, o Dio pietoso!
E ne togli ogni stral che la sorella
Offendere potesse! Io non ti posso
I miei mali narrar senza ch' io debba
Altamente accusarti, e nol vorrei!
Tu non fosti con me nè pia, nè giusta,
Io sono una tua pari, e nondimeno
Tu m' hai fatta prigione : io mi rivolsi
Supplice e fuggitiva al tuo soccorso,
E tu d'ospite i dritti e delle genti
Nella mia sacra dignità sprezzando
M' hai serrata vivente in un sepolcro ;
E di servi e d'amici e di fedeli
Crudelmente diserta ; e nel più turpe
Disagio abbandonata ; e per estremo
All' ignominia d' un giudizio esposta.
Ma non più del passato :
 (*S'avvicina confidente e lusinghiera.*)
      A fronte siamo :
Manifesta il tuo cor ! Dimmi le colpe
Di che rea mi ti feci. Io pienamente
Satisfarti deggio. Che non m' hai data
Graziosa udienza allor ch'io tanto
Il tuo sguardo cercava ? A tal venute
Non sariebbe le cose, e in questo loco
Di tristezza e d'orror non avverrebbe
Lo sventurato doloroso incontro !
 ELI. Non il fato innocente, il tuo perverso
Animo accusa. La sfrenata accusa
Ambizion della tua casa ! Ancora
Fra noi lite non era, allor che il tuo
Degno congiunto, l' inaudito e folle
Ardimento ti diè d'attribuirti
I regali miei titoli e lo stemma.
E non pago di ciò ti persuase
A rompermi la guerra, a minacciarmi
La corona, e la vita. E nell' istessa
Pace del mio governo, alla rivolta
Infiammò colla fraude i miei Britanni.
Ma l'Eterno mi guida : e quel superbo
È disperato dall' impresa. Il colpo
Era volto al mio capo, e cade il tuo !
 MAR. Sono in braccio di Dio. Ma tu non puoi
Con un' opra di sangue apertamente
Soverchiar la tua possa.
 ELI.   E chi potrebbe
Impedirmi dal farlo ? Il tuo congiunto
Ai monarchi insegnò come si stringe
Coi nemici la pace. Chi sarianmi

reine et offensée, j'accepte l'humble rôle de parente, et je viens te donner l'appui de ma royale présence. Je n'écoute qu'un sentiment généreux, en encourant le reproche de trop abaisser ma dignité. Tu ne peux avoir oublié que tu as menacé mes jours.

MAR. Comment puis-je m'exprimer et trouver des paroles assez heureuses pour pénétrer dans ton cœur sans l'irriter? Inspire ma bouche, Dieu clément, et écarte tout ce qui pourrait blesser ma sœur ! — Je ne puis t'exposer toutes mes souffrances sans avoir à t'accuser en même temps, et je ne le veux pas. Tu n'as été envers moi ni juste, ni clémente : j'étais ton égale, et tu m'as jetée dans les fers ; fugitive et suppliante, j'implorais ton secours, et toi, oubliant et ma dignité sacrée, et le droit de l'hospitalité, et celui des gens, tu m'as enfermée vivante dans un tombeau ; tu m'as privée cruellement de mes serviteurs, de mes amis fidèles, abandonnée dans la plus triste solitude, et, pour comble, soumise à la honte d'un jugement public. Mais laissons le passé ; nous voici face à face. Montre ton bon cœur ! Dis-moi de quel crime tu m'accuses ! Je veux te satisfaire entièrement. Pourquoi ne m'as-tu pas accordé une bienveillante audience, quand je désirais tant te voir? Les choses n'en seraient pas venues à ce point, et cette triste et pénible rencontre n'aurait pas eu lieu dans cet endroit désolé.

ÉLI. Laisse là le destin, et n'accuse que ton âme criminelle ! Accuse l'ambition effrénée de toute ta famille ! Nous n'avions encore aucun démêlé ensemble, quand ton digne parent, ce féroce vieillard qui étend sa main téméraire sur toutes les couronnes, osa me défier ! Il t'inspira l'audace d'usurper mes titres et mon diadème. Peu satisfait encore, il te persuada de me déclarer la guerre, de menacer ma couronne et ma vie, et au milieu de la paix de mes Etats, il poussa, par ses ruses maudites, mes fidèles Anglais à la révolte. Mais l'Eternel me protège, et ce coup que tu me destinais dans ton aveuglement, il l'a fait retomber sur ta tête.

MAR. Ce fut le doigt de Dieu. Mais tu ne peux songer à répandre mon sang pour raffermir ta puissance !

ÉLI. Et qui pourrait m'en empêcher? Ton parent a appris aux rois comment on fait la paix avec ses ennemis. Ça été pour moi une leçon, quelle massacre des malheureux hu-

Di te mallevadrice, ov' io togliessi
Improvvida i tuoi ceppi? In qual segreta
La tua fè guarderei? Omai secura
Non mi fa che il poter. Nessuno accordo
Colla razza de' serpi.

MAR.   I tuoi son questi
Tenebrosi sospetti? Agli occhi tuoi
Sempre un' estrania, una nemica io parvi!
Se tu m' avessi dichiarato un tempo
Unica erede tua, come n' ho dritto,
Amor, riconoscenza, in me t'avrebbe
Guadagnata un' amica, una sorella.

ELI. Qual hai tu affetto che stranier non sia?
Io dichiararti del mio trono erede?
Ingannevole insidia! Onde tu possa
Sovvertirmi lo stato? E scaltra, Armida,
Allacciar nella rete i giovanili
Animi del mio regno? E, me vivente,
Rivolgere ogni sguardo al nuovo sole?...

MAR. Tranquillissima regna! Ogni diritto
Sul tuo scettro abbandono. Omai tarpate
Al mio spirto son l' ali, e la grandezza
Più non m' alletta. Tu la tieni: ed io
Non son che l' ombra di Maria. Domato
Nella vergogna delle mie catene,
È l' antico ardimento! In me l' estrema
Di tue prove facesti. Hai nel suo fiore
La mia vita distrutta. Or poni modo!
Pronuncia la magnanima parola,
Per cui venisti; chè non posso io mai
Crederti qui venuta all' empia gioia
D' insultar la tua vittima! Pronuncia
Questa parola sospirata, e dimmi:
Sei libera, o Maria! Di me provasti
Sol la potenza: la grandezza or prova.
Guai se con questa non finisci. Guai
Se propizia, benefica, sublime,
Da me non ti dividi alla sembianza
D' una invocata deità,—O sorella!
Non per tutta Albion, non per le immense
Terre che abbraccia l' ocean profondo,
Io vorrei presentarmi inesorata
Al tuo sembiante come al mio tu stai!

ELI. Vinta alfin ti confessi? Esausta alfine
Hai la faretra delle tante frodi?
Più sicarii non hai? Non ti rimane
Un solo avventurier che in tua difesa
Imprenda coraggioso i tristi uffici
D' errante cavaliero? Ito, o Maria,
È per sempre quel tempo! Alcun de' miei
Più non adeschi: chè ben altre cure
Oggi infiammano i cuori! Invan tu cerchi
Ne' presenti Britanni il quarto sposo!
Perchè non men che gli amatori tuoi
I mariti tu sveni!

MAR., *fremendo*. Oh! Dio!... Sorella!...
O Dio, m' inspira sofferenza!

ELI., *guardandola per qualche tempo con
aria di solenne disprezzo.* Questi,

guenots. Je t'applique un système qui m'a
été enseigné par les tiens. Qui se porterait
garant pour toi, si je faisais tomber tes chaînes? Qui me répondrait de ta foi jurée? Je
n'ai de sécurité qu'en exerçant ma puissance,
et je ne fais nulle paix avec une race de vipères!

MAR. Ce sont là les noirs soupçons! J'ai
donc toujours été à tes yeux une étrangère,
une ennemie! Si tu m'avais reconnue jadis
pour ton unique héritière, comme c'était mon
droit, l'amour et la reconnaissance t'auraient
fait de moi une amie, une sœur!

ELI. Tu n'as aucune pensée qui ne pa-
raisse étrange. Moi! te déclarer l'héritière de
mon trône! Quel piége grossier! C'était pour
te donner les moyens de bouleverser l'État?
Armide rusée, tu voulais enlacer dans tes fi-
lets la jeunesse de mon royaume, pour que,
moi vivante, tous les regards se tournent vers
un astre nouveau?...

MAR. Règne sans crainte; j'abandonne tout
droit à ton trône. Les ailes de ma pensée
sont repliées, et les grandeurs ont cessé de
me réjouir. Tu les possèdes, et moi, je ne
suis plus que l'ombre de Marie Stuart. La
honte de mes fers a dompté mon ancienne
audace! Tu en as fais la dernière épreuve, et
tu as détruit le dernier charme de ma vie.
Arrête, maintenant! Prononce la généreuse
parole pour laquelle tu es venue, car je ne
puis croire que tu sois venue ici pour l'af-
freuse joie d'insulter ta victime! Prononce
cette parole si désirée, et dis-moi: « Marie,
tu es libre. Tu n'as encore connu que mon
pouvoir, connais ma clémence. » Va,
tout sera terminé, alors! Va! chaque jour je
t'invoquerai, propice, bienfaisante, sublime,
comme une divinité secourable. Ma sœur,
non! dans tout Albion, dans tous les pays
qu'embrasse l'immense Océan, je ne voudrais
pas paraître avec ce visage inexorable que tu
montres à mes yeux.

ELI. Enfin tu avoues ta défaite, enfin tu
as épuisé le carquois où étaient les flèches
empoisonnées de tes artifices! Tu n'as plus
d'assassins à tes ordres! Il ne te reste plus
un seul aventurier qui prenne bravement,
pour ton service, le triste rôle de chevalier
errant! Ainsi, Marie, je suis là pour tout ce
passé! — Tu ne peux séduire aucun des
miens; bien d'autres ardeurs enflamment tous
les courages! En vain tu cherches, parmi les
Anglais d'aujourd'hui, un quatrième époux!
puisque tu tues les maris aussi bien que les
amants!

MAR. O Dieu! ma sœur! Dieu! donne-moi
de la patience!

ELI., *la regardant avec mépris.* Voilà donc,
Robert, ces attraits célèbres, que nul œil

ACTE III, SCÈNE IV.

Sono dunque, o Ruberto, i celebrati
Vezzi che impunemente occhio non vede?
A cui non possi pareggiar veruna
Delle donne mortali? In ver, la lode
Fu mercata a vil prezzo. Altro non costa
Il suono di bella universal, che il farsi
A tutti universale.
 MAR.   Ah! questo è troppo!
 ELI., *con beffardo sorriso.*
Or si ti mostri nel tuo vero aspetto;
Finor non eri che una larva.
 MAR., *con dignità, ma infiammata di sdegno.*   Umano
Fu l'error che mi vinse in giovinezza:
Mi tradì la potenza: io no'l copersi,
Io no'l mentii: con nobile alterigia
Sdegnai le tenebrose arte dei vilii.
Il peggio è di me noto, e dir mi posso
Di mia fama miglior. Te sciagurata,
Se cade un giorno l'onorata veste
Di cui ricopri, ipocrita maligna,
L'oscena tresca de'tuoi sozzi amori!
Figlia d'Anna Bolena, ereditata
L'onestà tu non hai! Note già sono
Quelle caste virtù, che sotto il ceppo
L'adultera tua madre hanno tradotta
 TAL., *corre in mezzo.*
Questa è, o Maria, la sofferenza? Questa
L'umiltà?
 MAR. Sofferenza? Io tollerai
Quanto può tollerar petto mortale.
Via, codarda umiltà! Via, dal mio core
O conculcata pazienza! Infrangi
Le tue catene, e dall'abisso irrompi,
O lungamente rattenuto sdegno!
E tu che desti all'irritata serpe
Uno sguardo omicida, arma il mio labbro
Di venefici strali!...
 TAL.   Ah! tu perdona!...
Alla delira provocata!...
 (*Elisabetta, muta da rabbia, getta furibondi sguardi su Maria.*)
 LEI., *nella massima agitazione, cerca allontanar Elisabetta.* Chiudi
L'orecchio al vaneggiar della furente!
Fuggi da questo sventurato loco.
 MAR. Il trono d'Inghilterra è profanato
Da una bastarda! Il popolo britanno
Da una mima è ingannato. Ove il buon dritto
Regnasse, tu saresti or nella polve
Stesa a miei piedi, che tuo re son io.
 (*Elisabetta parte velocemente. — Talbo e Leicester la seguono.*)
 MAR., *ancor fuori di se.* Ella si parte
Di rabbia accesa e colla morte in core.
Anna! quanto son lieta!
 (*S'abbandona colle braccia al collo d'Anna.*)
     Io l'abbassai
Agli occhi di Ruberto alfine, alfine,
Dopo tante vergogne e tanti affanni
Un' ora di vendetta e di trionfo!
 (*Viano in fretta cala il siparto.*)

humain ne peut regarder impunément! Cette beauté que n'égale la beauté d'aucune mortelle! Vraiment, la louange est marchandise à vil prix. Pour que l'univers entier célèbre une femme, il suffit que cette femme appartienne à l'univers entier.

MAR. Ah! c'en est trop!
ÉLI. Montre-nous ton vrai visage: tu n'as montré jusqu'ici que ton masque!

MAR., *avec indignation et fierté.* J'ai succombé à l'erreur dans la faiblesse de mes jeunes années; le pouvoir m'a ébloui, mais je n'ai pas dissimulé mes fautes; je ne les ai pas menties! j'ai toujours été trop fière pour ne pas dédaigner les ténébreuses intrigues. On connaît ce que j'ai fait de pis, et je puis dire que je vaux mieux que ma réputation. Mais toi, misérable hypocrite, si jamais le manteau honorable dont tu couvres les infâmies de tes honteuses amours vient à tomber, on reconnaîtra la fille d'Anne de Boleyn, qui ne put te léguer la pudeur. Chacun sait déjà quels furent les adultères dont ta mère a été convaincue dans les fers!

TAL., *les séparant.* Est-ce là, Marie, de la déférence et de l'humilité?

MAR. De la déférence! j'ai souffert tout ce que peut souffrir un cœur mortel! Loin cette humilité lâche! loin de mon âme brisée cette patience inutile! Tu brises tes chaînes, tu sors de l'abîme, pitié trop longtemps contenue! Et toi qui as donné un regard meurtrier au serpent irrité, arme mes paroles de traits empoisonnés!

TAL. Excuse le délire que tu as fais naître en elle.

(*Élisabeth reste muette de rage.*)

LEI. Ferme ton oreille à ses paroles insensées! Éloigne-toi de ces lieux malheureux!

MAR. Une bâtarde souille le trône d'Angleterre! Le peuple anglais se laisse tromper par une vile comédienne! Si le bon droit régnait, tu te traînerais à mes pieds, dans la poussière où je me trouve moi-même!
(*Élisabeth part en hâte. Talbot et Leicester la suivent.*)

MAR., *encore hors d'elle-même.* Elle s'éloigne enflammée de rage et la mort dans le cœur! Anna! que suis heureuse! je l'ai avilie aux yeux de Robert! Enfin, après tant d'opprobres et tant de tortures, une heure, une heure au moins de vengeance et de triomphe!

ACTE QUATRIEME.

Anticamera in Westminster.

SCENA PRIMA.
CECILIO E LEICESTER.

cec. *di dentro.* Rinserrate le sbarre, i ponti
                                 [alzate.
lei. Che fu?   (*fuori.*)
cec.   La regina... sacrilego ardimento...
Colse in fallo
      Il pugnale, e l' omicida
Venne da Talbo disarmato.
lei.   Vive...
Inceneriscà il fulmine divino,
Chi l' innaudita fellonia commise.
cec. Chi la commise, e chi la ordì. Tu pure
Hai dietro alle mie spalle con lusinghe
Indotta la regina a Fotteringa?
lei. Io dietro le tue spalle? E quando ho mai
La tua fronte temuta?
cec.   Oh che diss' io?
Tu condur la regina a Fotteringa?
Tu condotta non l' hai! Fu la regina
Che per sommo favor te vi condusse.
lei. Seguimi indegno! Alla real presenza
Mi farai dell' inudito ampia ragione.

cec. Ivi t' aspetto : e guardati che all' uopo
Non ti cada la voce.   (*Esce.*)
lei.   Io son tradito!
Esplorato son io!... Larro in che modo
Ha spiato il ribaldo i miei vestigi?
Se costui n'ha le prove, e la regina
Pervenisse a scoprir le sue segrete
Intelligenze con Maria... Deh quanto
Cadrò io laccio agli occhi suoi!
No, più scampo non veggo... Ah! chi s'oppresse?

SCENA II.
MORTIMERO E DETTO.

mor. *entra optato guardandosi attorno.*
Conte sei tu? Non avvi alcun?
lei.   Ti scosta
Sciagurato! Che cerchi?
mor.   I nostri passi
Esplorati già son! Guardati...
lei.   Via!
      Vita di qui ti tolgo.
mor.   E' manifesto
Che dal conte Albespina una furtiva
Adunanza si tenne...
lei.   Io non la curo...
mor. Che l' assassino era fra noi...
lei.   Ciò spetta

SCÈNE PREMIÈRE.
CÉCIL, LEISCESTER.

céc., *de l'intérieur.* Refermez les verrous,
levez les ponts : (*Il sort.*)
lei. Qu'est-ce?
céc. La reine, ô sacrilège audace! a failli
être frappée d'un coup de poignard. Talbot
a désarmé l'assassin.
lei. Vivat!... Puisse la foudre du ciel ré-
duire en poussière l'auteur de cette trahison
inouïe!
céc. L'auteur et l'instigateur. Toi, peut-
être, n'as-tu pas, derrière moi, entraîné par les
flatteries la reine à Fotheringay?
lei. Derrière toi? Depuis quand redouté-
je de te voir face à face?
céc. Qu'ai-je dit? tu as conduit la reine à
Fotheringay? Non, c'est la reine qui, par
excès de faveur, t'y a conduit toi-même.
lei. Suis-moi, misérable... Tu me feras
raison de cette insulte en sa royale présence!...
céc. Je t'attends! et prends garde que la
voix ne te manque. (*Il sort.*)
lei. Je suis trahi! dénoncé! Malheureux!
comment les espions ont-ils pu découvrir
mes traces?... S'il a des preuves... si la reine
vient à découvrir mes secrètes intelligences
avec Marie... Ah! que je deviendrai criminel
à ses yeux!... Je ne vois nulle ressource! Ah!
qui approche?

SCÈNE II.
LEISCESTER, puis MORTIMER.

mor. *entrant, très agité.* Comte c'est toi?
Es-tu seul?
lei. Approche, malheureux!... que cher-
ches-tu?
mor. Nos démarches sont épiées! prends
garde!
lei. Va-t-en! je te répète.
mor. Il est certain qu'une alliance secrète
se trame avec le vicomte de l'Aubespine...
lei. Je m'en soucie peu...
mor. Que l'assassin était des nôtres...
lei. Cela te regarde seul, insensé! Ose-

ACTE IV, SCÈNE II.

A te solo, o malvagio ! Osi tu forse
Avvolgermi con te ? co' tuoi delitti ?
Pensa piuttosto a discolparti...
   MOR.   Ascolta...
   LEI. *in furore.* A che t' aggiri
Come spirto infernale a me d' intorno ?
Io non so chi tu sia ! Cogli assassini
Non mi stringe alcun patto !
   MOR.   Odimi dico !
Io venni ad ammonirti ; anche i tuoi pas si
Son sorvegliati.
   LEC.   Che di' tu ?
   MOR.   Cecilio
Trasse, dopo l' evento, à Fotheringa
Indagò diligente ogni segreto
Della regina, e vi trovò !...
   LEI.   Prosiegui...
   MOR. Il principio d' un foglio a te diretto

   LEI. Maledetta sventura !
   MOR.   Ove Maria...
La data fede ti ricorda : in premio
Si riprometto al salvator tuo braccio,
Nè tace dell' effigie...
   LEI.   Ah sciagurata !
   MOR. E Cecilio ha lo scritto.
   LEI.   Io son perduto !
   (Passeggia con atti di disperazione.)
   MOR. Pigliа l' istante ! Il fulmine previeni !
Salva te ! salva lei ! Giura, sostienti
Puro, incolpato ! Immagina discolpe,
Tutto poni a cimento. Io più non posso.
I miei compagni son dispersi : è sciolta
La nostra lega. Per novelli amici
Volo in Iscozia. Tu risolvi intanto
Una subita impresa : esperimenta
Quanto il grado in te può, quanto una ferma
Imperterrita fronte.
   LEI. Ho risoluto ! *(Si ferma come deciso.)*
Guardie !
   (Viene un uffiziale con guardie.)
            Tenete in rigida custodia,
Il reo che vi consegno. E' manifesta
Un' enorme congiura, e volo io stesso
A recarne l' annunzio alla regina. *(Esce.)*
   MOR. *dapprima rimane attonito, poi si ricompone e si volge a Leicester che parte dandogli uno sguardo di disprezzo.*
Ah ribaldo ! E noi morto ? A quel codardo
Affidarmi dovea ? Sulle mie tempie
Egli varca sicuro, e s' alza un ponte
Dalla stessa ruina ove mi spinge.
Salvati, o vile, il labbro mio sta chiuso.
Io non vò trarti nella mia caduta.
Fin nei singulti della morte istessa
Ti rifiuto a compagno, il solo bene
De' tuoi pari è la vita.
   (All' Uffiziale che si accosta.)
            O vil ministro
Di più vil tirannia. Che mi circondi
Io mi rido di te ! Libero io, moro !
   *(Cava il pugnale, si trafigge, e cade in braccio
   alle guardie che lo portano altrove.)*

fais-tu me compromettre avec toi ? avec ton
crime ? Cherche plutôt à te disculper...
   MOR. Écoute...
   LEI., *furieux.* Pourquoi tourner autour de
moi comme un démon sorti des enfers ?...
Je ne te connais pas ! Nul pacte ne me lie
avec les assassins.
   MOR. Écoute-moi, te dis-je. Je viens t'avertir que tu es surveillé aussi.
   LEI. Que dis tu ?
   MOR. Cécil est allé à Fotheringay après
l'accident ; il a fouillé avec soin tous les secrets de la reine et il a trouvé...
   LEI. Poursuis...
   MOR. Le commencement d'une lettre qui
t'était adressée...
   LEI. Maudite rencontre !
   MOR. Où Marie te rappelle ta promesse, et
t'engage sa foi en échange de ton salut, elle
parle du portrait...
   LEI. Malheureux !
   MOR. Et Cécil a l'écrit.
   LEI. Je suis perdu !
   MOR. Saisis l'instant propice ! Préviens la
foudre !... sauve-toi... sauve-la ! Jure, soutiens que tu es innocent. Imagine une excuse ! Emploie tout ! Moi, je ne puis rien... mes compagnons sont dispersés, mon complot dissous. Je vole en Écosse chercher d'autres amis pour une nouvelle entreprise que
j'ai formée à la hâte. Toi, essaie tant qu'il te
plaira ce que peut un front audacieux et inébranlable.
   LEI., *s'arrêtant.* J'ai résolu... Gardes ! *(Un
officier et des gardes entrent.)* Tenez sous une
surveillance rigoureuse l'accusé que je vous
livre. J'ai découvert une vaste conspiration
et je veux moi-même en donner nouvelle à la
reine. *(Il sort.)*

   MOR., *seul.* Ah ! traître... Devais-je me confier à ce lâche ! Il s'élève en sûreté sur ma
tête, et se fait un pont de mon corps qu'il a
poussé dans l'abîme. Sauve-toi, misérable ;
ma bouche restera muette. Je ne t'entraînerai pas dans ma chute ; je ne veux pas de toi
pour compagnon, même dans la mort : le seul
bien de tes pareils est la vie... *(A l'officier.)*
Vil ministre de tyrans plus vils que toi, pourquoi m'entourer ainsi ! Je me ris de toi ! Je
suis libre et je meurs ! *(Il arrache le poignard de l'officier, et s'enfuit, poursuivi par
les gardes.)*

Stanza interna della Regina.

SCENA III.
ELISABETTA, CECILIO.

ELI. *con foglio in mano.*
Farmi soggetto di beffardo viso!
In trionfo condurmi alla sua druda!
Donna, o Cecilio, più di me tradita
Ancor non fu.
    CEC.   No, concepir non posso
Per qual prestigio d' infernal malìa
Egli giunse, o regina, a por la benda
Sul tuo lucido senno.
    ELI.   Io non ardisco
Per la vergogna di levar la fronte!
    CEC. Vedi se la mia voce era fedele!
    ELI. Oh! punita ne sono e gravemente
Dell' avermi un' istante allontanata
Dal tuo saggio avvisar. Ma non doveva
Credere alle sue labbra? A chi fidarmi
A chi, s' egli tradimmi? Egli ch' io feci
Il più grande dei grandi, il favorito
Più vicino al mio core? A cui permisi
Nella stessa mia reggia, un' assoluta
Autorità di re!
    CEC.   Ma nondimens
Titradi sconoscente alla bugiarda
Lusinghiera Maria.
    ELI   Col proprio sangue
Scouterà quell' iniqua il grave oltraggio.
È già pronto il mandato?
    CEC.   Inadempito
Non rimase il tuo cenno: esto è già pronto.
    ELI. Nuoja la scellerata; e spettatore
Sia quell' ingrato della sua cadreta
Indi coda egli stesso! I o l'ho per sempre
Dal mio seno respinto. Io è l'amore
Nè più m'accende che vendette e sdegno
Quanto il loco ove siede è più sublime
Tareto più vergognosa et più mortale
La caduta sarà.
    CEC.   Alcuna via
Trovera di scolparsi.
    ELI.   Egli scolparsi?
No' l condanna lo scritto?... Ah! la sua colpa
È più chiara del sol.
    CEC   Tu se' pietosa
Tu se, benigna: il suo potente aspetto...
    ELI. Non ardisca innoltrarsi!... Hai tu dis-
Che l' entrar gli si tolga?   [posto
    CEC.   Io l' ho disposto.
             (*Un Paggio.*)
    PAG. Il conte.
    ELI.   Abbominevole impudente!
    CEC. Digli che la sovrana [entrar gli vieta.
          (*Il Paggio esce.*)

SCENA IV.
LEICESTER E DETTI.

LEI., *spalanca con impeto la porta.* Vo' l'
    [audace veder che proibirmi
Osa le soglie della mia sovrana!
    ELI. Tracotante!

SCÈNE III.
ELISABETH, *un papier en main,* CECIL.

ÉLI. Être trahie par lui! être l'objet de sa risée! être livrée par ses mains à son infâme maîtresse! As-tu vu, Cécil, une femme plus abandonnée que moi?

CÉC. Je ne puis comprendre quel prestige infernal l'aura conduit, ô reine, à diriger ses coups contre ta poitrine sacrée.

ÉLI. La honte m'empêche de lever le front.

CÉC. Tu vois si ma parole était fidèle!

ÉLI. Oh! je suis punie, cruellement punie, de m'être un instant écartée de tes sages avis! Mais ne devais-je pas croire ses paroles? A qui me fier, s'il me trahit? Moi qui j'ai fait le plus grand parmi les grands, le favori le plus avant dans mon cœur! à qui j'ai donné, dans mon palais même, l'autorité d'un roi!

CÉC. Et pourtant il t'a livrée à l'infâme courtisane Marie.

ÉLI. La misérable payera cet outrage de son sang! L'ordre est-il déjà prêt?

CÉC. Oui; je n'ai pas laissé tes instructions sans les remplir.

ÉLI. Que la criminelle meure! que l'ingrat soit témoin de sa chute et qu'il tombe après elle! Je l'ai pour toujours éloigné de mon sein! Je ne sens d'autres feux que ceux de la colère et de la vengeance! Plus il occupait un rang élevé et sublime, plus sa chute sera honteuse et terrible!

CÉC. Il trouvera un moyen de se disculper....

ÉLI. Lui? l'écrit le condamne. Son crime est plus clair que la lumière du soleil!

CÉC. Tu es si douce, si humaine... rien que son aspect tout-puissant.

ÉLI. Qu'il n'ose pas approcher! — As-tu tout disposé pour qu'on lui refuse l'entrée?.. (*Entre un page.*)

LE PAGE. Le comte!
ÉLI. Le téméraire! l'impudent!
CÉC., *au page.* Dis-lui que la reine lui défend d'entrer!

SCÈNE IV.
LES PRÉCÉDENTS, LEISCESTER, *ouvrant brusquement la porte.*

LEI. Je veux voir l'audacieux qui ose me refuser l'accès auprès de ma souveraine!

ÉLI. Va-t'en!

ACTE IV, SCÈNE IV.

LEI. Io respinto? Ov' ella sia.
Cortese di sua vista ad un Cecilio
A me pur lo sarà.
CEC.   Ben arrogante
Se' tu, di qui venirne, e farti beffa
Dell' espresso divieto!
LEI.   E tu ben anco
D' assumere la voce in questo loco!
Un espresso divieto? Avvi qui labbro
Che dar licenza, o proibir mi possa?
Dalla sola adorata...
    (*S' accosta ossequioso alla Regina.*)
ELI.   Inverecondo!
Toglisti agl' occhi miei! No n la mia buona
LEI. Elisabetta, ma Cecilio io sento
Cecilio il mio nemico, in queste acerbe,
Non mertate parole.
ELI.   In ver convienti
La superba favella! Essa conviensi
LEI. Al felice mortal che il tuo favore,
Ha tra mille preferto, e da costui
E da tutti diviso e sublimato.
Giudice all' opre mie non riconosco
Che il solo affetto della mia regina.
ELI. E questo, audace, a condannarti è il
    [primo.
Porgili quello scritto!   (*A Cecilio.*)
LEI., *osservando lo scritto.* Esso è vergato
    [dalla Stuarda.
ELI. Il leggi ed ammutisci!
LEI., *placidamente dopo aver letto.* L' ap-
    [parenza m' accusa, io lo confesso;
Ma giudicato non verrò, lo spero,
Dalla sola apparenza.
ELI.   Osinegarmi
Che t' apristi con essa un furtiva
Intelligenza? Che n' avesti in dono
La propria effigie? Che sperar le davi
L' antica libertà?
LEI.   Lieve mi fora
Quando reo mi sentissi, il pormi al niego
Sull' infido attestar d' una nemica :
Ma sereno è il mio core, e ti confesso
Ch' ella non mente.
ELI.   Sciagurato!
CEC.   È reo!
Si condanna egli stesso!
ELI.   Esci!... in catene.
O traditore!
LEI.   Traditor non sono.
Errai di non averti ansi quest' ora
Manifesto, o regina, il mio disegno :
Pur lo scopo fu giusto : esso dovea,
Eludere una astuta e ruinarla.
ELI. Misero sotterfugio!
CEC.   A che tacerti
Se lo scopo fu giusto?
LEI.   Uso tu sei
A vantarti dell' opra ansi l' impresa
E ti rendi la squilla annunziatrice
D' ogni tuo fatto. Il tuo costume è questo :
Il mio d' oprar, e favellar dappoi.

LEI. Moi repoussé? Courtoise pour un Cécil, elle ne l'est pas pour moi !

CÉC. Tu es bien hardi de venir et de tourner en dérision la défense expresse...

LEI. Et toi, de lever la voix en ce lieu ! Une défense expresse ! As-tu le pouvoir de me défendre, à moi? (*Se tournant vers la reine.*) Une reine adorée, seule....

ÉLI. Insolent ! éloigne-toi de ma présence !

LEI. Ce n'est pas ma douce souveraine, c'est Cécil que je reconnais à ces paroles cruelles et peu méritées.

ÉLI. Il te convient, à toi, de parler si fièrement !

LEI. La fierté convient à l'homme heureux que ta faveur a choisi entre mille autres, a élevé et grandi au-dessus de tous. Je ne veux d'autre juge de mes actions que l'amour de ma reine.

ÉLI. Cet audacieux ose te condamner ! Cécil, donne-lui cet écrit !

LEI. Il est de la main de Marie Stuart.

ÉLI. Lis-le et reste muet de confusion !

LEI., *après avoir lu tranquillement.* L'apparence m'accuse, je l'avoue; mais je ne serai pas jugé sur l'apparence.

ÉLI. Oses-tu nier que tu as tramé avec elle de secrètes intrigues ? que tu as reçu en don son portrait? qu'elle espère recevoir de toi son ancienne liberté ?

LEI. Il m'en coûterait peu d'opposer des dénégations aux paroles d'une ennemie. Mais mon cœur est paisible, et je t'avoue qu'elle a dit la vérité.

ÉLI. Malheureux !
CÉC. Le coupable se condamne lui-même !
ÉLI. Et tu es.... aux fers ! perfide !
LEI. Je ne suis point perfide. J'eus tort, ô reine, de ne pas t'avoir révélé auparavant mon secret dessein ; il était juste : il avait pour but de déjouer et de détruire une ruse.

CÉC. Pourquoi te taire, si ton but était juste ?

LEI. Tu as l'habitude de te vanter de tes actions avant l'entreprise, et de te faire le héraut de toutes tes actions. Moi, j'agis d'abord; je parle ensuite.

MARIE STUART.

céc. Or favelli costretto.

lei., *sprezzantemente mirandolo con occhio superbo.* In ver millanti
Una nobile impresa, un gran prodigio!
Tu salvator della regina? Tu
Delator di congiure?... Oh, per sicura
Ogni cosa tu sai! Non v' ha segreto
Dove il tuo penetrante occhio non giunga!
Con tutte le tue cure, o borioso
Con tutti i vanti tuoi, oggi sarebbe
La Stuarda fuggita, ove impedito
Non l' avess' io!

céc. Tu l' impedisti?
lei. Io stessa!
La regina s' aperse a Mortimero:
E tanto estese la fiducia sua,
Che gli commise un sanguinoso incarco
Contro la vita di Maria : l' incarco
Che proposto alle zio, fu con ribrezzo
Riprovato e respinto. Il ver non dissi?
(*Elisabetta e Cecilio si guardano in atto di stupore.*)

céc. Come giungesti a penetrar?
lei. Rispondi!
Non dissi il ver? Dov' erano, o Cecilio,
I tuoi cent' occhi per veder che entrambi
Il fellon vi tradia? Che in lui coperto
Stravasi un forsennato in Anglia giunto
A sciogliere Maria dalle catene,
A svenar la Regina...

eli., *attonita.* Oh che mi narri?
Quel Mortimero!...
lei. Di costui mi valsi
Per trattar con Maria : per inoltrarmi
Ne' suoi cupi raggiri. In questo giorno
Liberar si dovea la prigioniera:
Egli stesso or mel disse : io nell' istante
Cingere il feci dalle regie scolte,
Ma si veggendo il traditor tradito
E svelata la frode, il proprio ferro
In se stesso converse.

eli. Oltre ogni dire
Ingannata son' io! Quel Mortimero!

céc. E ciò tutto vegni nell' intervallo
Ch' io da te mi sciolsi
lei. Duolmi che fatta
Abbia il ribalde questa fin, che' sciolto
Pur dall' ombra or sarei d' ogni sospetto,
Perquesto alla giustizia io l' affidava
Una severa indagine dovea
Parmi in piena innocenza, e di scolparmi
Allo sguardo di tutti.

céc. Egli s' uccise?
Egli stesso? O tu lui?
lei. Vile sospetto!
S' interroghi la scolta.
(*Sulla quinta chiama. Vien l' Ufiziale.*)
Alla regina.
Narra la fin di Mortimero.

l' uf. Io stava

---

céc. Tu parles à présent, parce que tu y es forcé.
lei. En vérité, tu te vantes d'une noble entreprise, d'une grande merveille! Toi, sauveur de la reine! toi, délateur de tous les complots! En vérité, tu n'ignores rien! Il n'y a pas de secrets que ne pénètre ton regard perçant! Avec toutes tes finesses, insensé, avec toutes tes forfanteries, aujourd'hui Marie Stuart se serait enfuie, si je ne l'avais empêché!

céc. Empêché! toi!
lei. Moi-même. La reine s'est ouverte à Mortimer; elle a eu en lui assez de confiance pour lui donner un ordre sanglant contre Marie... le même ordre que son oncle repoussa avec horreur, quand on le lui fit entendre... Ai-je dit vrai?

céc. Comment as-tu pu deviner?
lei. Réponds! Ai-je dit vrai? Où étaient, Cécil, tes cent yeux pour voir que Mortimer vous trahissait l'un et l'autre? qu'il était un fanatique rusé, venu exprès en Angleterre pour briser les fers de Marie et pour égorger la reine...

eli. Oh! que dis-tu? Ce Mortimer!
lei. Je me suis servi de lui pour traiter avec Marie, pour pénétrer dans ses secrètes pensées. En ce jour, on devait délivrer la prisonnière; il me l'a dit lui-même, et, au même instant, je l'ai fait entourer par les gardes de la reine. Mais ce traître, se voyant trahi lui-même et son complot découvert, s'est frappé de sa propre épée.

eli. On me trompe d'une manière indigne! Ce Mortimer...

céc. Et tout cela est arrivé depuis que je t'ai quitté?
lei. Je regrette que le traître ait fait une fin pareille, car je serais pur de l'ombre même de tout soupçon. C'est pour cela que je le réservais à la justice : une sévère enquête devait rendre mon innocence éclatante et me disculper aux yeux de tous.

céc. S'est-il tué lui-même, ou l'as-tu frappé?
lei. Indigne soupçon! Qu'on interroge les gardes! (*Il sort et appelle. L'Officier entre.*) Raconte à la reine la fin de Mortimer.

l' of. J'étais de garde dans le vestibule,

ACTE IV, SCÈNE V.

Del vestibolo inguardia : ed ecco il conte
Dischiudere le porte e consegnare
In severa custodia il cavaliero
Qual reo di fellonia. Noi lo vedemmo
Snudar, compreso di furor, l' acciaro
E fieramente il tuo capo imprecando
Trafiggersi con esso, anzi che dato
D' impedirlo ne fosse, e sul terreno
Cader...
   LEI.   Non più, signore! Ha la regina
Abbastanza compreso.
                     (Via l'Uffiziale.)
                     Oh! quale abisso
   ELI.
D' iniquità!
   LEL   Rispondimi, o Reina,
Chi ti salvó? Cecilio? Eragli noto
L' imminente tuo rischio? Il tuo Ruberto
Fu l' angelo del ciel che ti soccorse.
   CEC. Conte, ben opportuna a tuoi disegni
Questa morte seguì.
   ELI.   Dubbiosa ondeggio
Se diffidar, se credere io ti debba :
Colpevole mi sembri, ora innocente.
Quella perfida sola è la cagione
Di tutti i mali miei!
   LEI.   Muoia! Io medesmo
La sua morte n' approvo : il mio consiglio
Era che rimanesse ancor sospeso
Il decreto mortal fin ch' una mano
Impugnasse l' acciaro a sua difesa.
Or questo s' avverò; ne più dissento
Che il giudizio s' adempia.
   CEC. E tu il consigli?
   LEL.   Io stesso.
   CEC. (alla Regina.) Or da che Lester
Questi sensi palesa, io ti consiglio
Di commettere il carco alla sua cura.
   LEI. A me, signore?
   CEC.   A te si, certo! Un mezzo
Più sicuro non hai per disgravarti
D' ogni cospetto.
   ELI.   Io v' acconsento.
                   (Fissando Lester.)
   LEI.   Il mio
Grado potrebbe dall' ingrato officio
Liberarmi a ragion, che d' un Cecilio
L'armi cosa più degna. Io nondimeno
Per aprirti il mio zelo e farti paga
A' miei dritti rinunzio e mi sometto
Benchè ritroso all' odiato incarco.
                       A Cecilio.
   ELI. Teco il parta Cecilio; abbi tu cura
Che si stenda il mandato.
(Lester parte. — Si sente del tumulto di
   dentro.)

SCENA V.

TALBO, agitato; poi CECILIO che torna.
   TAL. Vogliono soperchiarti, Elisabetta!...

quand je vis le comte ouvrir la porte. Il me
remet Mortimer, avec ordre de le garder sévè-
rement, comme coupable de haute trahison.
Tout d'un coup, il a mis l'épée à la main, et,
après avoir chargé d'imprécations le nom de
la reine, il s'est frappé lui-même, malgré nos
efforts pour l'arrêter, et il est tombé...
   LEI. Il suffit. La reine en sait assez. (L'Officier sort.)
   ELI. Quel gouffre de trahisons!
   LEI. Réponds-moi, reine! qui t'a sauvée?
est-ce Cécil? Ton péril imminent lui était-il
connu? Robert est l'envoyé du ciel qui t'a
secourue.
   CEC. Comte, cette mort est arrivée bien à
propos pour tes desseins!
   ELI. Je flotte indécise, ne sachant si je dois
te croire innocent ou coupable ; si je dois ou
non me défier de toi. Cette perfide seule cause
tous mes maux!
   LEI. Qu'elle meure! moi-même j'approuve
son trépas. Mon avis était que sa sentence de
mort demeurât sans effet, jusqu'à ce que le
fer fût tiré encore une fois pour elle : le fer a
été tiré, je ne m'oppose plus à ce que la justice ait son cours.
   CEC. Tu le conseilles, toi-même!
   LEI. Moi-même.
   CEC. à la reine. Puisque tel est l'avis de
Leicester, je te conseille de le charger du soin
d'exécuter la sentence.
   LEI. Moi?
   CEC. Sans doute. Il n'y a pas de meilleur
moyen de te disculper.
   ELI. J'y consens.

   LEI. Mon rang élevé pourrait, avec raison,
me dispenser d'un office qui convient mieux
à un Cécil. Mais, toutefois, pour te montrer
mon zèle et te satisfaire, je renonce à mon
droit et je me soumets à un devoir qui m'est
odieux.

   ELI. Cécil le partagera avec toi. (A Cécil.)
Aie soin que l'ordre soit expédié. (Leicester
s'éloigne; on entend un tumulte.)

SCÈNE V.

ÉLISABETH, CÉCIL, TALBOT, agité.
   TAL. On veut te faire violence, Elisabeth !
résiste! ne plie pas!

ELI. Mi costringono, o Talbo.
TAL. E chi può mai
Costringerti? Tu sola arbitra sei :
Qui la tua piena maestà palesa,
Metti silenzio alle selvagge grida
Che tentano inceppar l' illimitata
Tua volontà; che cercano strapparti
La non giusta sentenza. Un passeggero
Fantasma di terrore agita il volgo!
Sei tu stessa in delirio. Un breve indugio
Calma, raccogli la tua mente : aspetta
Un' ora più tranquilla
CEC., *con impeto.* Aspetta, indugia,
Sospendi, finchè tutto arda lo Stato!
Fin che riesca all' avversaria il colpo!
TAL. Il Dio, che sempre al tuo petto fu
Che trasfuse vigor nelle tremanti [schermo,
Braccia d' un vecchio per domar la rabbia
D' un furibondo regicida, è degno
D' intera fede. Non udrai la voce
Della giustizia : intempestiva or fora,
E nel tumulto sonerebbe indarno :
Abbi mente a ciò solo. Ora tu tremi
Della viva Maria; non della viva,
Tremar tu devi dell' uccisa ! Eterna
Di civili discordie agitatrice,
Vindice spirto lascerà la [tomba
Scorrezà la Brettagna, e tutti i cuori
T' involerà! L' Inglese odia costei :
Ma l' odia sol perchè la teme. Estinta
Vendiherella. Nell' augusta uccisa
Più non vedrà la perfida nemica
Della chiesa natia, ma l' infelice
Germoglio dè' suoi re, ma l' innocente
Vittima della rabbia e del geloso
Terror d' una rivale. Un subitaneo
Mutamento vedrai, se del fraterno
Sangue, macchiata, la città trascorri.
Questa plebe che esulta, e si riversa
Ovunque le regali orme tu volga,
Quanto mutata ti parrà da quella !
Un popolo diverso, una diversa
Anglia t' aspetta ! Perocchè la santa
Giustizia che di tutti or ti fa donna,
Più non sarà del tuo venir foriera,
Precederatti lo spavento, il fiero
Dè' tiranni compagno, e desolato
Renderà di viventi il tuo cammino.
L' ultimo eccesso dell' arbitrio umano
Consumato avrai tu ; se questa è tronca
Qual britanna cervice è più secura?
ELI. Oh! Talbo! Oggi m' hai salva, oggi sviasti
Un ferro traditor dalla mia vita;
Perchè torgli il suo corso. Ove il Britanno
Da questa lusinghiera, e meno adulta
Speri giorni migliori, io volentieri,
Dal mio trono discendo, e fo ritorno
Alle tacite mura, alla mia cara
Solitudine antica, ove l' ignota
Giovinezza condussi. Il primo officio
Di severa giustizia, or mi si chiede

ELI. J'y suis contrainte, Talbot.
TAL. Qui peut te contraindre? Tu es la seule arbitre; que ton pouvoir souverain se manifeste ! impose silence aux clameurs farouches qui prétendent violenter ta volonté toute-puissante, qui cherchent à t'arracher une sentence injuste. Une terreur passagère et fantastique agite le peuple; tu en ressens toi-même les effets. Je te demande quelque délai : apaise, recueille tes esprits... attends une heure plus calme.
CEC. Attends! hésite! diffère! jusqu'à ce que l'état soit en feu! jusqu'à ce que ta rivale réussisse dans ses projets?
TAL. Le Dieu qui a servi déjà quatre fois de bouclier à ton sein, qui a donné assez de force à un vieillard tremblant pour qu'il pût arrêter le bras furieux du régicide, est digne d'une confiance entière ! Tu n'entendras pas la voix de la justice ! elle serait déplacée ici, et ne retentirait pas plus haut que ce tumulte ! Ecoute, ceci seulement ! Tu redoutes Marie vivante : c'est morte que tu dois la craindre. Sa tombe laisserait le germe éternel des discordes et des troubles ; elle soulèverait l'Angleterre et enflammerait tous les cœurs. L'Anglais la déteste parce qu'il la craint. Morte, il la vengerait. Dans l'auguste victime, il ne verrait plus un ennemi public, mais le rejeton infortuné de ses rois, mais la victime de la rage et des terreurs jalouses d'une rivale. Si tu souilles Londres du sang de la sœur, tu verras un changement soudain dans les esprits. Qu'il te paraîtra différent ce peuple aujourd'hui si joyeux, qui s'empresse sur tes traces ! Un autre peuple, une autre Angleterre t'attendent. La sainte Justice, qui te rend la souveraine de tous les cœurs, cessera de précéder tes pas. La terreur, compagne de la tyrannie, marchera devant toi, répandant parmi les vivants la désolation sur ton chemin. Tu auras atteint aux dernières limites du despotisme : si cette tête tombe, quelle tête aura quelque sécurité dans toute l'Angleterre?

ELI. Ah ! Talbot! tu as désarmé aujourd'hui un assassin, qui en voulait à ma vie. Pourquoi m'as-tu sauvée? Tout serait terminé ; et moi, sans soupçon, sans reproches, je jouirais du repos dans ma tombe ! Si l'Angleterre, de cette souveraine plus gracieuse et plus jeune, espère des jours meilleurs, volontiers je descends du trône, volontiers je retourne aux murs chéris, à la douce habitude de mon ancienne retraite, où s'est écoulée ma

ACTE IV, SCÈNE VI.

E mi trovo impossente.

CEC. Eterno Iddio!
L'udir dal labbro tuo queste severe
Parole, e l'ammutirmi, un tradimento
Al mio debito fora, ed allo stato!
Il sommo uffizio e l'utile comune
Da quest'atto dipende, e se la vita
Talbo t'ha salva, io salverò lo stato :
E questo è più.

ELI. Lasciatemi a me stessa.
Negli umani intelletti io più non trovo
Nè conforto nè guida. Or vi scostate.
Tu, mio Cecilio, rimarrai d'appresso.
(*Vanno via li altri*)

ELISABETTA, *sola.*

Quando sarà che libera io mi segga
Su questo trono!... Ah! termini l'angoscia!
Cada il perfido capo! lo voglio pace!
Questa è la furia che mi preme! È questo
Lo spirto agitator che per destino
Mi persegue la vita. Ove una gioja,
Una speme io nudro, ivi mi serra
Questa serpe implacabile il cammino.
Essa lo sposo, e l'amator mi ruba,
E Stuarda si chiama ogni sventura
Che sul capo mi stà! Ma dai viventi
Cancellata costei, libera io sono
Più che l'aura del monte. Oh! come il guardo
(*Pausa.*)
Pien d'acerbo deriso in me torcea,
Quasi bastasse a fulminarmi! Imbelle!
Arma io stringo migliore : Essa percote
E più non sei. Olà.
(*Sottoscrive la carta, e suona il campanello.*)

SCENA VI.

CECILIO E DETTA.

ELI. Riprendi il foglio.
Io lo confido a te : l'adempi e tosto!
(*Cecilio fa un azione analoga alla gioja, e cala il sipario*).

---

jeunesse; où j'étais loin de cette obligation de rendre une justice sévère, qu'on réclame de moi, et qui me trouve impuissante!

CEC. Dieu éternel! entendre de telles paroles et me taire! ce serait trahir mon devoir et l'Etat! Le devoir suprême, l'utilité publique dépendent de cet acte. Talbot t'a sauvé la vie, je sauverai l'Etat! c'est plus encore?

ELI. Laissez-moi à moi-même. Je ne trouve plus ni appui, ni conseil parmi les hommes. Éloignez-vous. Toi, Cécil, tu reviendras tout à l'heure. (*Ils partent.*)

ÉLISABETH, *seule.*

Quand donc pourrai-je m'asseoir, libre, sur ce trône! Finissons-en avec ces angoisses! que cette tête tombe! je veux avoir la paix! Elle est la furie attachée à mon existence, l'esprit de malheur que le sort enchaîne à ma vie pour me tourmenter sans trêve ni relâche. Partout où j'attends une espérance, une joie, cette implacable vipère me ferme le chemin; elle me ravit amant et époux, et chaque malheur qui fond sur ma tête s'appelle Stuart. Mais qu'elle soit rayée du livre de vie, et je deviens plus libre que l'air qui souffle sur la montagne. — Oh! quel regard plein d'amertume et de dérision elle a jeté sur moi! comme s'il eût suffi à me foudroyer! Pauvre femme! mes armes sont plus fortes : elles frappent et on meurt! Je suis bâtarde! (*Elle signe, et sonne ensuite. Cécil arrive.*)

SCÈNE VI.

CÉCIL, ÉLISABETH.

ELI. Viens! prends cet ordre, je te le confie!
Tu l'exécuteras le plus tôt possible! (*Cécil se retire.*)

ACTE CINQUIEME.

Même décor qu'au premier acte.

SCENA PRIMA.

ANNA, *vestita a lutto con li' occhi piangenti, intenta a sigillare parecchie lettere.* PAULETO, *vestito a bruno, con seguito, che portano vasi d' oro e d' argento, altri oggetti preziosi, e ripongono tutto in fondo ed stanza.* — *Pauleto dà alla nutrice uno scrignetto di gioje, con una carta esprimendo alla segni essere la nota dei suddetti co' oggetti.* — *Anna cade in profonda mestizia.* — *Gli altri s' allontanano.* — *E viene* MELVILLE.

SCENA II.
MELVILLE, E DETTI.

ANN., *vedendo Melville, mette un grido.*
Sei tu Melville! Ti riveggo ancora?
MEL. Sì, mia buona signora, alfin n' è dato
Questo amaro piacer!
ANN.   Dopo una lunga,
Dolorosa partita!..,
MEL.   Un infelice
Rivedersi, mia cara!
ANN.   Oh ciel! tu vieni...
MEL. A prendere l' eterno, ultimo addio
Dalla nostra regina.
ANN.   Or finalmente
Al supremo mattin della sua vita,
Dopo tanto pregar, le si concede
De suoi cari la vista!... Ella s' avanza!

SCENA III.
MARIA E DETTI.

MAR., *vestita [in pomposo abito bianco; al collo ha una catena d' oro; un libro fra le mani; un diadema in testa; un gran velo nero assicurato all' estremità della testa, le cade sulle spalle; al suo venire tutti si mettono in ginocchio. Melville indietro: tutti commossi e piangenti.*
               A che piangete?
A che vi lamentate? Or che dovreste
Rallegrarvi con me che terminate
Sono alfin le mie pene. Allor ch' io venni
Della superba mia nemica in braccio
Allor ch' io tollerai nella sventura
Cose non degne d' una gran regina,
Era tempo di piantie di lamenti.
               (*Si avanza.*)
Tu qui, Melville? in questo ato sommesso?
Alzati! Tu venisti oggi al trionfo,
Non alla morte della tua regina.

SCENE PREMIERE.

ANNA *pleure, elle cachète plusieurs lettres; des serviteurs de Marie apportent des vases d'or et d'argent, et les placent au fond de la chambre.* PAULET *donne à la nourrice un écrin avec la note des objets apportés.* ANNA *tombe dans une profonde douleur. Les serviteurs s'éloignent.* — MELVIL *entre.*

SCENE II.
ANNA, MELVIL.

ANN. Tu es Melvil? Je te revois encore?

MEL. Oui, chère Anna. Enfin ce cruel plaisir m'est accordé.

ANN. Après une longue et cruelle absence.

MEL. Le motif de mon retour est plus douloureux encore.

ANN. O ciel! tu viens...

MEL. Offrir un dernier, un éternel adieu à votre reine.

ANN. Ainsi, au dernier jour de sa vie, après tant de prières, on lui accorde la vue de ceux qu'elle chérit!

SCÈNE III.
LES MÊMES, MARIE.

MAR. Pourquoi ces pleurs et ces gémissements, quand vous devriez vous réjouir de ce que mes longues douleurs touchent enfin à leur terme. Lorsque je tendais les bras à ma superbe ennemie, lorsque mon infortune me réduisait à des humiliations indignes d'une grande reine, alors il fallait pleurer et se lamenter.— Toi, ici, Melvil? Pourquoi cette attitude?... Relève-toi. Tu es venu aujourd'hui au triomphe, et non à la mort de la reine. C'est une grâce à laquelle je ne m'attendais pas. Viens, que je dépose en ton cœur aimant, ô mon fidèle ami, mes derniers vœux. J'adresse mes bénédictions à mon oncle chéri, le duc de Lorraine; à mon bien aimé cousin, le duc de Guise; à notre père suprême le pape; au roi catholique, qui s'est offert pour me délivrer et me venger. Vous tous, je vous recommande à mon glorieux frère le roi de France, et cette

ACTE V, SCÈNE III.

Una grazia m' è questa. Almen ch' io ponga
Nel tuo seno amoroso, o mio fedele,
I supremi miei voti. — Io benedico
Al buon zio di Lorena : al benamato
Mio cugino di Guisa, al sommo padre,
Al cattolico re che si proferse
Di frangere i miei ceppi, e vendicarmi.
    (*Si volge ai famigliari.*)
Voi tutti io raccomando al glorioso
Mio fratello di Francia, e quel cortese
Nova patria daravvi e più tutela.
E se l' ardente mio pregar v' è sacro,
Questa terra fuggite, onde il Britanno
Non pasca la superba anima sua
Della vostra miseria, e nella polve
I miei cari non vegga. A me giurate
Quand' io più non sarò che lascerete
Queste infide contrade.
    MEL.   Io lo prometto
Per questi tutti.
    MAR.   Io povera, io spogliata,
Poco, o cari posseggo, e questo poco,
Di cui mi è conceduto ancor disporre,
Ho diviso fra voi : nè violati
Saranno almen, io spero, i miei voleri
Ciò ch' io reco alla morte è vostro anch' esso,
Anna ! Te non alletta oro nè gemma :
La mia sola memoria hai tu più cara
Di tutti i beni della terra. Prendi
Questo povero lino, io di mia mano
L' ho trapunto per te nelle supreme
Ore del mio cordoglio, e lo bagnai
Delle calde mie lagrime ! Con esso
Voglio che li' occhi tu mi bendi : or tutti
A me tutti venite, et ricevi
L' estremo addio !
(*Stende loro le mani. Essi, un dopo l' altro
cadono a suoi piedi, e baciano le sue mani
piangendo dirottamente. Essa si stacca rapidamente da loro, e partono, meno Melville.*)
        D' ogni obbligo terreno
Sciolta mi trovo, e lascierò la vita
A null' uom debitrice. Un sol pensiero
Toglie all' anima oppressa il dipartirsi
Libera e lieta.
    MEL.   Apriti a me ; solleva
Il grave incarco che ti opprime, e versa
Nel mio petto fedele ogni tua cura.
    MAR. Già le sue braccia eternità mi schiude ;
Io tra poco sarò del mio divino
Giudice a fronte, nè mi veggo ancora
Dalle umane caligini detersa.
    MEL. Al tuo spirto dà pace. Il cielo accoglie
Un ardente voler come l' effetto.
La violenza de' tiranni allaccia
Solo le membra, e libera e spedita
La preghiera del core a Dio s' inalza.
E' morta la parola ove non sia
Dalla fede avvivata.
    MAR.   In questa tomba
La grazia del Signore a me non giunge !

nouvelle et courtoise patrie vous accordera une pieuse protection. Si mes prières vous sont sacrées, fuyez cette terre : que l'Anglais ne nourrisse pas son orgueil du spectacle de vos douleurs, et ne voie pas mes fidèles serviteurs courbés dans la poussière ! Jurez-moi du fond de votre cœur, qu'après ma mort, vous abandonnerez ces douloureux rivages.

MEL. Je te le promets au nom de tous.

MAR. Pauvre, dépouillée, je dispose de peu de chose, mes amis : mais ce peu, je puis en disposer pour vous. Ma volonté ne sera point violée, ou du moins, je l'espère ! Tout ce que j'emporte en allant à la mort vous appartient aussi. Toi, Anna, tu n'aimes ni l'or ni les pierreries ; mon souvenir t'est plus cher que tous les biens de la terre. Prends ce pauvre mouchoir : je l'ai brodé pour toi durant les dernières heures de mes tortures, et je le baignai de larmes brûlantes. Je veux que tu t'en serves pour me bander les yeux. Maintenant, vous tous, recevez mes derniers embrassements... Adieu !... adieu !... adieu ! A jamais !
(*Tout le monde se retire, excepté Melvil.*)
Maintenant j'ai réglé toutes les choses terrestres, et je quitterai la vie libre de toute dette. Une seule pensée empêche mon âme de s'élever avec joie et liberté.

MEL. Confie-toi à moi : dépose le fardeau qui te pèse et verse en mon cœur fidèle tous les soucis que tu éprouves.

MAR. L'éternité s'ouvre devant moi, et, bientôt, je me trouverai devant mon juge. Je ne me sens pas encore délivrée des ténèbres terrestres.

MEL. Que ton esprit s'en aille en paix. Le ciel accueille l'intention ardente comme le fait accompli. La violence des tyrans peut enchaîner le corps ; mais la prière s'envole, libre et légère, jusqu'à Dieu. La lettre est morte, et la foi vivifie.

MAR. La grâce de Dieu ne descend pas dans mon tombeau.

MEL. Ella ti giunge! Ella t' è presso! Affida
In colui che può tutto.
　MAR.　　　A te che fosti
Già mio servo e ministro ora M' inchino
Come a me t' inchinavi.
. . . .
　　(S' inginocchia ai piedi di Melville.)
　　　　　　Nel mio cor tu leggi
Come vi legge la pupilla eterna.
L' anima mia da grave odio fu presa :
Albergai nel mio petto il violento
Pensier della vendetta.
　MEL.　　　E d
Senti un vero dolore? E ti proponi
D' uscir placata dell' umano esiglio?
　MAR. Quanto il perdono del Signor ne spero.
　MEL. Non ti punge altra colpa?
　MAR.　　　　　　　Ogni mia colpa
Or t' è nota.
　MEL.　Ricordati che t' ode
L' onniveggente indagator de' cuori :
Pensavi ! Il core è menzogner. Tu forse
Con sottile artifizio, hai travisata
La parola mortal che ti fa rea.
Ma sappi, o donna, che per arte è vano
Al vegliante sottrarsi occhio di fiamma
Che del profondo d' ogni cor discende.
　MAR. Tutti i prenci invocai per liberarmi
Dalla ingiusta prigion : ma nè coll' opra,
Nè col solo intelletto insidiai
La vita alla nemica.
　MEL.　Hanno i tuoi servi
Attestasto del falso?
　MAR.　　Il ver l' udisti.
Giudichi di costoro il re del cielo.
　MEL. E tu sali il patibolo convinta
Della propria innocenza ?
　MAR.　　　　　Iddio m' assenta
Per questa morte immeritata, il grave
Antico fallo, cancellar per sempre.
　MEL. Vanne e l' espia morendo! Mansueta
Vittima cadi sull' altar di morte.
Lava quel sangue, col tuo sangue. Errasti
Per femminea fralezza, e la fralezza,
Della umana natura il vol non segue
Dello spirto immortal Che si tramuta.
　　　(Anna che ritorna.)
Un penoso conflitto ancor ti resta.
Puoi tu vincere il core e por silenzio
Alle voci dell' odio e dello sdegno?
　MAR. Io di nulla più temo. Al mio signore
L' odio e l' affetto in olocausto offersi.
　MEL. Disponti adunque a sostener la vista
Di Cecilio e del conte. Eccoli.
　　　SCENA IV.
　　CECILIO, LESTER, PAULETO.
(Leicester si mette a molta distanza, senza
mai var li occhi. Cecilio che ne vede il
contegno si pone fra lui e la regina.)
　CEC.　　　　Io vengo
A prendere, o signora, i tuoi supremi

MEL. Elle y descend! Elle t'anime. Remets-toi entre les mains du Tout-Puissant.
MAR. J'ai confiance en toi, qui fus mon serviteur fidèle, et je m'incline devant toi comme tu t'inclinais tout à l'heure. Tu lis dans mon cœur comme le ferait l'œil de Dieu ! Il fut en proie à une haine violente, et il conserve encore un âpre désir de vengeance !

MEL. Et tu sens un vif repentir de ta faute? Tu formes la résolution de sortir, en pardonnant, du terrestre exil?
MAR. Comme j'espère le pardon du Seigneur.
MEL. Nulle autre faute ne te déchire le cœur?
MAR. Tu les connais toutes.

MEL. Songe qu'il t'entend, celui qui lit dans tous les cœurs ! Le cœur est mensonger; peut-être un artifice coupable cache-t-il sous une équivoque l'aveu de ta faute! Mais, sache-le bien, femme, que nul artifice ne peut rien cacher à cet œil de flamme qui pénètre au plus profond de nos âmes.

MAR. J'invoquais tous les princes pour sortir de mon injuste captivité : mais je ne conspirai jamais, d'action ou de pensée, contre les jours de mon ennemie?
MEL. Les gens ont donc porté de faux témoignages?
MAR. Tu sais la vérité. Le Roi des cieux les jugera.
MEL. Ainsi tu montes sur l'échafaud sûre de ton innocence.
MAR. Dieu me fait la grâce d'effacer à jamais, par cette mort imméritée, ma grande et ancienne faute!
MEL. Va! tu l'expies en mourant. Victime résignée, tombe sur l'autel de la mort, lave ce sang avec le tien. Tu as péché par faiblesse féminine, et la faiblesse de l'humaine nature ne suit pas le vol de l'esprit qui se transfigure ! Il te reste encore une lutte pénible. Peux-tu vaincre ton cœur et imposer silence aux voix de la haine et de l'indignation? (Anna vient.)

MAR. Je ne crains plus rien. J'ai offert ma haine et ma colère en sacrifice au Seigneur.
MEL. Dispose-toi donc à soutenir la vue de Cécil et du comte. Les voici.

　　　SCÈNE IV.
LES MÊMES, CÉCIL, LEISCESTER, PAULET.

CÉC. Je viens, reine, prendre tes dernières volontés.

ACTE V, SCÈNE V.

Voleri.
MAR. Io ti ringrazio!
                    Elisabetta
CEC. Brama che si compiaccia ad ogni giusto.
MAR. Tuo desiderio. I desiderii miei
Troverai nel mio scritto. Al cavaliero
L' ho pur dianzi affidato. Io non ti prego
Che d' adempirli.
CEC.   Ti riposa in questo.
MAR. Chieggo a miei famigliari, o per la Fran-
O per la Scozia, come lor più giova,   [cia,
Un sicuro tragitto.
CEC.   Essi l' avranno.
MAR. E poi che si contende alla mia spoglia
Il terren consacrato, almen lasciate
Ch' una mano fedel il cor ne porti
A miei cari di Francia. Oh, là fu sempre!
CEC. Sarai paga. Null' altro?
MAR.   Alla sorella
Reca il cortese mio saluto, e dille
Ch' io muojo e le perdono: e voglia anch' essa
Perdonar generosa, i miei trasporti.
Il signor la protegga, e le consenta
Una lieta corona.

SCENA V.
S' APRE A TEMPO IL PORTONE.

(Anna ed altre donne entrano spaventate. Lo sceriffo le segue con bastone bianco. Dalle altre porte entrano uomini armati.)
MAR.   Anna che, hai?...
L' ora è trascorsa, e lo sceriffo arriva
Per condurmi alla morte. È giunto il tempo
Del separarci!... addio!... Tu buon Melville,
E tu diletta, i miei passi reggete
                (Azione negativa di Cecilio.)
Negar non mi vorrai questo conforto?
CEC. Secondarti io non posso. Alcuno rabitrio
Non ho per questo.
MAR.   Che dì tu? Rigetti
La mia lieve preghiera? Abbi rispetto
Al sesso mio. Chi l' ultimo servigio
Mi presterà? La mia regal sorella
Non può certo voler che in me s' offenda
La ragion del mio sesso, e che mi tocchi
L' aspra mano dell' uom.
CEC.   Femmina alcuna
Non dee sul palco accompagnarti... i pianti...
Le grida...
MAR. Oh no! non piangerà! Ti sono
Di sua virtù mallevatrice io stessa!
                (Azione di Cecilio.)
Appagami, o signor! non farmi un niego
Di sì piccola grazia, e non partirmi
Da chi nudrimmi ed allevò.
CEC.   V' assento.
MAR. Or dalla terra altro non chieggo.
(Assistita da Anna e Melville, si volge per uscire. Vede Leicester tutta tremante. Essa minaccia cadere, Leicester la raccoglie fra la braccia. Essa lo guarda lungo tempo in silenzio e severa. Egli non può sostenere i

MAR. Je te remercie.
CÉC. Elisabeth désire qu'on ne te refuse rien de ce qui est juste.
MAR. Tu connaîtras mes volontés dans mon testament. Je l'ai confié au chevalier Paulet. Je désire qu'il soit suivi.
CÉC. Sois tranquille à cet égard.
MAR. Je demande pour mes serviteurs la facilité d'aller, à leur gré, en Écosse ou en France.
CÉC. Ils l'auront.
MAR. Puisqu'on refuse une terre consacrée à ma dépouille, souffrez qu'une main fidèle remette mon cœur à mes amis de France. Oh! il fut toujours en ce pays!
CÉC. Tu seras satisfaite. Ensuite?
MAR. Présente mes hommages à ma sœur; dis-lui que je meurs en lui pardonnant, et que je la prie de me pardonner mes transports outrageants. Que Dieu la protége et lui conserve une couronne prospère!

SCÈNE V.
LES MÊMES, *entrée du* SHERIFF.

MAR. Anna, qu'as-tu donc? L'heure est écoulée: voici le shériff qui vient pour me conduire à la mort. Il faut nous séparer... Adieu. Toi, cher Talbot, et toi, ma chère Anna, soutenez mes pas. *(A Cécil.)* Vous ne me refuserez pas cet appui?
CÉC. Je ne puis le permettre. Je n'ai pas de pouvoir pour cela.
MAR. Que dis-tu? Repousser une si modeste demande! Aie quelque égard pour mon sexe. Qui me rendra les derniers services? Certes, ma royale sœur ne peut vouloir que l'on offense en moi la pudeur de mon sexe, et que je sois touchée par la rude main d'un homme?
CÉC. Aucune femme ne peut t'accompagner sur l'échafaud... ses cris... ses pleurs...
MAR. Oh! non! elle ne pleurera pas. Je me porte caution moi-même de son courage. Ne me refuse pas une si faible grâce! Ne me sépare pas de celle qui m'a nourrie et élevée!
CÉC. J'y consens.
MAR. À présent, je ne demande plus rien à la terre. *(En s'éloignant, elle voit Leicester.)* Tu as tenu ta promesse, Robert! Ton bras devait me tirer d'ici; tu me l'avais promis.... et ton bras m'en retire.... Adieu.... et, si c'est possible, vis heureux! Va te jeter aux pieds

suoi sguardi. Maria finalmente prorompe.)
                          Hai sciolta
La tua fede, o Ruberto!... Il braccio tuo
A togliermi di qui mi promettesti.
E il tuo braccio men toglie !...
(Silenzio. Leicester è nella massima confusione.)

. . . . Addio... e se lo puoi
Vivei felice.
     Alla regina
D'Inghilterra ti prostra, È non divenga
La mercè che n'ottieni il tuo castigo !
(Qui Melville la esorta a pregar il cielo. — Essa s'inginocchia, fa lazioni analoghe, poi sorretta da Melville ed Anna parte con Cecilio, Pauletto e lo Sceriffo.

SCENA VI.
LEICESTER, *solo.*

Ancor respiro? Ancor soffro la vita?
Questo tetto non crolla, e col suo peso
Non mi sprofonda? Un baratro non s' apre,
Nè la più vile creatura inghiotte?
Qual fortuna del cielo, ho bassamente
Calpestata e respinta !... Ella si parte
In angelo conversa, e me qui lascia
Col disperar de' reprobi nel petto.   *(Pausa.)*
A te non si conviene, o maledetto,
Scioglierti in molle femminil compianto.
Sia di bronzo il tuo cor ! Sia di macigno
Durissimo la fronte ! E se tu brami
Cogliere il prezzo dell' infamia tua,
Dei sostenerla, e consumarla ! Taci
Lento inutile affetto ! Occhi, impietrite !
Io sarò testimonio alla sua morte !
(L'accosta con passo risoluto alla porta da dove uscì Maria; ma d'improvviso si ferma e retrocede.)
Invano ! Invano ! Un brivido d'inferno
Per le membra mi scorre !... Ah no ! non posso
Tollerarne la vista... oh qual profondo
Mormorio mi percote ! Essi già sono
Nella volta terrena, e qui sul sotto
L'apparato feral... n' odo le voci !
Il pastor l'ammonisce... ella interrompe
Le sue parole... al Creator solleva
Con ferma voce una preghiera... e tutto
Silenzio... alto silenzio !... Io non ascolto
Ch' un indistinto singhiozzar di donne...
Le traggono di dosso i vestimenti...
Accostano lo scanno... ella si piega
Sulle ginocchia... appoggia il capo... Ah !
Tutto di Ramburro e colpo di mannaja. —
Con angoscia crescente Leicester pronuncia le ultime parole, ma pesto da tremito convulso cade tramortito al suolo. — Voci in lontano.

de la reine d'Angleterre, et que le prix que tu as obtenu ne devienne pas ton supplice ! *(Elle sort.)*

SCÈNE VI.
LEISCESTER, *seul.*

Je respire encore ! je supporte encore la vie !
Ce toit ne s'écroule pas pour m'écraser ! Un abîme ne s'ouvre pas pour engloutir le plus misérable des hommes ! Quel trésor inestimable j'ai perdu ! Quel don du ciel j'ai indignement foulé aux pieds et repoussé ! Elle va devenir un ange ; elle me laisse avec la réprobation dans le cœur ! Où sont, où sont mes projets de fermer l'oreille aux voix du cœur, de voir, d'un œil sec, d'un front tranquille, sa tête tomber sous la hache du bourreau ? Son aspect a-t-il pouvoir sacré de réveiller en moi la honte que je croyais morte ! Peut-elle encore m'enflammer d'amour du haut de l'échafaud ? Il ne te convient plus, maudit, de te répandre en pleurs dignes d'une femme. Que ton cœur soit de bronze, et ton front de marbre ! Et si tu désires cueillir le fruit de ton infamie, tu dois le supporter et le dévorer ! Que cette inutile pitié se taise ! que mes yeux se pétrifient ! Je veux être témoin de sa mort !—En vain ! en vain ! Un frisson d'enfer parcourt tous mes membres ! Non ! non ! je n'en pourrai souffrir la vue ! Oh ! quel bruit sourd m'arrive !... Ils sont déjà là-bas... là-bas ! et c'est là que le funèbre appareil... J'entends leurs voix !... Sortons de cet asile de la terreur ! de cette demeure de la mort !—Oh ! c'est Dieu peut-être qui arrête mes pas ! Il faut entendre ce que mes yeux n'ont pas le courage de voir !... — Le doyen l'exhorte... elle l'interrompt... elle élève d'une voix ferme sa prière au Créateur... On se tait... le silence est profond... Je n'entends que l'insensible gémissement des femmes... On la dépouille de ses vêtements... on l'approche du billot... elle s'agenouille... elle penche la tête...

PRODUCTIONS DRAMATIQUES

REPRÉSENTÉES

PAR LA COMPAGNIE ROYALE SARDE A PARIS.

FRANCESCA DA RIMINI (texte et traduction en regard)... 1 fr. 50 c.
COGLI UOMINI NON SI SCHERZA (analyse).......... » 20
LA LOCANDIERA } (analyse)............. » 40
UN CURIOSO ACCIDENTE
MYRRHA (texte et traduction en regard)............ 1 50
IL BURBERO BENEFICO. } (analyse)............. » 15
NIENTE DI MALE.
LA SUONATRICE D'ARPA. } (analyse)............. » 40
MIO CUGINO.
ORESTE (texte et traduction en regard)............ 1 50

En Préparation :

IL REGNO D'ADELAIDE.
ADELE.
PIA DE' TOLOMEI.
LUISA STROZZI.

FILIPPO MARIA VISCONTI.
LE GELOSIE DI LINDORO.
LE BARUFFE CHIOZZOTTE, ETC.

PUBLICATIONS NOUVELLES DE MICHEL LÉVY FRÈRES.

Pour paraître incessamment :

LES

ARTISTES DRAMATIQUES

de la Compagnie Royale Sarde

ESQUISSES BIOGRAPHIQUES

DE

H. MONTAZIO

Paris. — Typographie MORRIS et Cie., rue Amelot, 64.

www.ingramcontent.com/pod-product-compliance
Lightning Source LLC
Chambersburg PA
CBHW070715050426
42451CB00008B/657